미래와 통하는 책

동양북스 외국어 베스트 도서
700만 독자의 선택!

새로운 도서, 다양한 자료 동양북스 홈페이지에서 만나보세요!

www.dongyangbooks.com
m.dongyangbooks.com

※ 학습자료 및 MP3 제공 여부는 도서마다 상이하므로 확인 후 이용 바랍니다.

홈페이지 도서 자료실에서 학습자료 및 MP3 무료 다운로드

PC

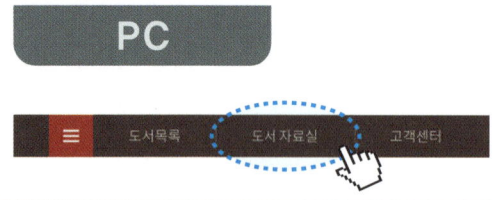

❶ 홈페이지 접속 후 도서 자료실 클릭
❷ 하단 검색 창에 검색어 입력
❸ MP3, 정답과 해설, 부가자료 등 첨부파일 다운로드

* 원하는 자료가 없는 경우 '요청하기' 클릭!

MOBILE

* 반드시 '인터넷, Safari, Chrome' App을 이용하여 홈페이지에 접속해주세요. (네이버, 다음 App 이용 시 첨부파일의 확장자명이 변경되어 저장되는 오류가 발생할 수 있습니다.)

❶ 홈페이지 접속 후 ☰ 터치

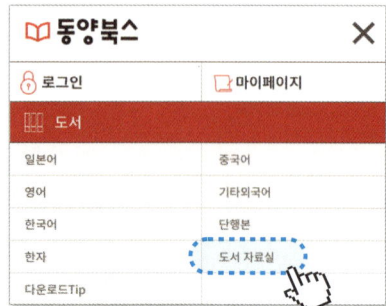

❷ 도서 자료실 터치

❸ 하단 검색창에 검색어 입력
❹ MP3, 정답과 해설, 부가자료 등 첨부파일 다운로드

* 압축 해제 방법은 '다운로드 Tip' 참고

중국어뱅크

베이시스

초보 탈출 4주 완성 프로젝트!

중국어 STEP 1

김보름 · 김로운 · 김주경 · 서명명 지음

동양북스

초판 4쇄 | 2024년 9월 25일

지은이 | 김보름, 김로운, 김주경, 서명명
발행인 | 김태웅
책임 편집 | 김상현, 김수연
디자인 | 남은혜, 김지혜
마케팅 총괄 | 김철영
온라인 마케팅 | 김은진
제　작 | 현대순

발행처 | ㈜동양북스
등　록 | 제 2014-000055호
주　소 | 서울시 마포구 동교로 22길 14 (04030)
구입 문의 | 전화 (02)337-1737　　팩스 (02)334-6624
내용 문의 | 전화 (02)337-1762　　dybooks2@gmail.com

ISBN 979-11-5768-297-3　14720
　　　979-11-5768-296-6　(세트)

ⓒ 2017, 김보름·김로운·김주경·서명명

▶ 본 책은 저작권법에 의해 보호를 받는 저작물이므로 무단 전재와 복제를 금합니다.
▶ 잘못된 책은 구입처에서 교환해 드립니다.
▶ ㈜동양북스에서는 소중한 원고, 새로운 기획을 기다리고 있습니다.
　http://www.dongyangbooks.com

머리말

　최근 중국어를 배우려는 학습자들이 늘었다고는 하나 중국어 학습방법 및 실력은 예전보다 월등히 나아지지 않았다.

그 이유는 무엇일까?
획일화된 교재를 통한 일률적인 교육이 그 원인이지 않을까 싶다.

　그리하여 본 저자는 현재까지의 중국어 교육(온/오프라인)을 받아온 수많은 학습자의 사례들을 연구하고 학습 도중 겪고 있는 강사 및 학습자들의 고충을 귀담아 새롭게 변화된 내용으로 다양하게 본 교재를 구성해 보았다.

어떤 이는 중국여행이나 출장으로 회화의 필요성을 느끼고,
어떤 이는 유학이나 취업 등을 위해 자격증 취득을 목표로 삼을 수도 있고,
어떤 이는 자기 계발 혹은 취미로 중국어를 배우려 할 것이다.

　어떤 이가 선택하든 시작할 때 가지고 있었던 목표까지 쉽고 편하게 다가갈 수 있는 본 교재는 호기심이나 흥미로 시작하여 자격증까지 취득할 수 있는 시험 어휘 수록, 현실감 넘치는 일상회화와 Biz회화 내용을 담은 본문으로 구성하여 편안하게 어법과 회화를 훈련할 수 있는 교재임은 틀림없을 것이다.

　본 교재를 출판하기에 앞서 기회를 제공해 주신 YBM 전 원장님 및 수많은 조력자분들(유수, 梁红, 沈英琴)께 깊은 감사의 말씀을 드리며, 앞으로 중국어를 시작하게 될 무수한 학습자들이 용기를 내는데 일조할 수 있기를 희망한다.

저자 드림

차례

머리말 · 3
차례 · 4
이 책의 구성 및 특징 · 6
한눈에 보는 중국 · 8

Lesson 01 发音 발음 · 10

Lesson 02 你好! 안녕하세요! · 22

Lesson 03 最近忙不忙? 요즘 바빠요 안 바빠요? · 32

Lesson 04 我是韩国人。 나는 한국인이에요. · 42

Lesson 05 他有女朋友吗? 그는 여자 친구가 있나요? · 52

복습하기 **Lesson 01 ~ Lesson 05** · 62

Lesson 06 **多少钱？** 얼마예요? · 70

Lesson 07 **星期五见！** 금요일에 만나요! · 80

Lesson 08 **怎么走？** 어떻게 가나요? · 90

Lesson 09 **正在打折。** 세일 중이에요. · 100

Lesson 10 **我会做菜。** 나는 요리할 줄 알아요. · 110

복습하기 Lesson 06 ~ Lesson 10 · 120

모범 답안 및 찾아보기 · 128
인용 자료 · 142

이 책의 구성 및 특징

『베이시스 중국어 STEP 1』은 두 권으로 이루어진『베이시스 중국어』시리즈의 그 첫 번째 단계로 다음과 같이 구성하였습니다. 본 책을 중심으로 학습하면서 '오디오북'과 'MP3 파일'도 함께 활용하세요.

본문

▶▶▶ **시작 페이지**
본격적인 학습에 앞서 제목과 학습 목표로 배울 내용을 미리 파악할 수 있습니다.

▶▶▶ **새 단어**
본문에 나오는 단어를 미리 확인할 수 있습니다.

▶▶▶ **회화 1, 2**
『베이시스 중국어』의 회화는 일반 교재와 차별화하여 [회화 ①]은 '일상생활' 중심의 회화를, [회화 ②]는 'Biz 회화'로 구성하였습니다.
학습자가 자신의 상황에 필요한 회화를 자의적으로 선택하여 자연스러운 중국어 표현을 학습하도록 하였습니다.

▶▶▶ **문법**
중국어를 처음 접하는 학습자에게 꼭 필요한 문법만 뽑아 정리하였습니다.

▶▶▶ **패턴 연습**
단어 및 문장을 교체하여 주요 회화 문장을 익힐 수 있으며, 다양한 표현을 확장 연습할 수 있도록 하였습니다.

▶▶▶ **연습 문제**

HSK, TSC, OPIC 등 시험 유형을 토대로 구성하여 학습자의 듣기-읽기-쓰기-말하기 실력을 종합적으로 향상시킬 수 있습니다.

▶▶▶ **간체자 쓰기**

본문에 나왔던 단어를 선별하여 따라 써 볼 수 있게 하였습니다.

▶▶▶ **플러스 단어**

매 과 마지막에 플러스 단어를 수록하였습니다. 플러스 단어 역시 MP3 녹음이 되어 있으므로 녹음을 들으며 따라 말하는 연습을 해 보세요.

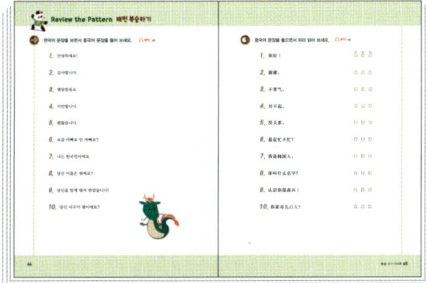

 복습하기

▶▶▶ **패턴, 대화, 읽기 연습하기**

각 복습과에서는 01~05과 / 06~10과에 나왔던 내용을 반복 연습하고, 문제를 풀어 보며 복습할 수 있게 구성하였습니다.

 **오디오북**

본 책에 나온 단어와 회화를 듣고 다니며, 복습할 수 있도록 따로 정리하였습니다.

 **MP3**

본문과 오디오북에 들어가는 내용의 MP3 파일은 홈페이지(www.dongyangbooks.com)에서 별도의 회원가입 없이 무료로 다운로드 하실 수 있습니다.

한눈에 보는 중국

국 명	▶▶▶	중화인민공화국(中华人民共和国)
수 도	▶▶▶	베이징(北京)
면 적	▶▶▶	약 960만㎢
인 구	▶▶▶	약 14억 3,932만 명[2020 통계청, UN, 대만통계]
민 족	▶▶▶	56개
공식 언어	▶▶▶	푸퉁화(普通话)
화 폐	▶▶▶	인민폐(人民币)
국 경 일	▶▶▶	10월 1일
국 가	▶▶▶	의용군행진곡

국 기 ▶▶▶ 오성홍기(五星红旗)

알아두기!
중국 국기의 붉은 바탕은 공산군의 피와 혁명을 상징하며, 큰 별은 중국공산당을, 네 개의 작은 별은 노동자, 농민, 소자산계급, 민족자산계급을 나타냅니다.

Lesson 01

发音
fāyīn

발음

학습 목표 | 한어병음(성모, 운모, 성조) 익히기
성조 변화 익히기

Warm-Up 중국어 기초 알기

1 중국어

중국에서는 일반적으로 중국어를 '한족의 언어'라는 의미인 '한어(汉语)'라고 많이 부르는데, 중국의 공식적인 표준어는 '푸퉁화(普通话)'입니다. 푸퉁화는 베이징(北京) 음을 표준음으로 하고, 북방 방언(北方方言)을 기초 방언으로 하며, 백화문(白话文: 입말에 기초한 글말)의 문법을 토대로 규범화된 언어입니다. 타이완(台湾)에서는 표준어를 '국어(国语)', 그 밖에 싱가포르, 말레이시아 등의 동남아 등지에서는 중국어를 '화어(华语)'라고도 합니다.

2 간체자

중국 정부는 기존의 한자가 획수가 많고 익히기 어려운 점을 고려해 1956년 한자의 획수를 간소화하여 만들었는데, 이를 '간체자(简体字)' 또는 '간화자(简化字)'라고 합니다. 한국, 대만 등지에서는 간화되지 않은 '번체자(繁体字)'를 사용합니다.

飛 → 飞
번체자   간체자

3 한어병음

영어에도 '스펠링'과 '발음 기호'가 존재하듯 중국어에도 '한자'와 로마자에 성조 부호를 얹어서 표기한 발음 기호인 '한어병음'이 있습니다.

4 음절 구조

'한어병음'은 우리말의 자음에 해당하는 성모(声母)와 모음에 해당하는 운모(韵母), 성조(声调)로 구성되어 있으며, 영어의 강세 표기처럼 한어병음 위에 소리의 높낮이를 나타내는 '성조'를 표기하여 단어의 뜻을 구별하고 있습니다.

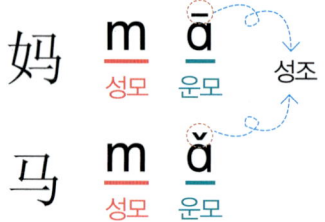

Step 1 성모

'성모'는 중국어 음절의 첫 부분에 오는 자음을 말합니다. 우리말의 자음처럼 단독으로 소리 낼 수 없으므로 우리말의 모음과 같은 역할을 하는 운모와 결합하여 음절을 구성합니다.

🎧 MP3 – 01

쌍순음 (双唇音)	b 뽀어	p 포어	m 모어	(+ o)
순치음 (唇齿音)	f 포어			(+ o)
설첨중음 (舌尖中音)	d 뜨어	t 트어	n 느어	l 르어 (+ e)
설근음 (舌根音)	g 끄어	k 크어	h 흐어	(+ e)
설면음 (舌面音)	j 지	q 치	x 시	(+ i)
설첨전음 (舌尖前音)	z 쯔	c 츠	s 쓰	(+ i)
설첨후음 (舌尖后音)	zh 즈	ch 츠	sh 스	r 르 (+ i)

① **쌍순음** 위아래 입술을 붙였다가 살짝 떼면서 내는 소리입니다.
② **순치음** 영어의 'f' 발음처럼 윗니를 아랫입술에 살짝 대었다 떼면서 발음합니다.
③ **설첨중음** 혀끝으로 윗니 뒤의 잇몸에 대었다가 떼면서 발음합니다.
④ **설근음** 쉰 목소리를 낼 때처럼 목에서 끌어올리듯이 발음합니다.
⑤ **설면음** 혓바닥을 평평하게 하여 혓바닥과 입천장 사이의 마찰음으로 발음합니다.
⑥ **설첨전음** 혀끝을 윗니 뒤쪽에 붙였다 떼면서 발음합니다.
⑦ **설첨후음** 혀끝을 살짝 들어 올려서 발음합니다.

Step 2 운모

'운모'는 중국어 음절에서 성모를 제외한 나머지 부분을 말하며, 하나의 음절로만 이루어진 단운모와 두 개 이상의 음절이 합쳐진 복운모로 구성되어 있습니다.

🎧 MP3 – 02

		-i	i 이	u 우	ü 위
단운모 (单韵母)		a 아	ia 이아	ua 우아	
		o 오어		uo 우오	
		e 으어	ie 이에		üe 위에
복운모 (复韵母)		ai 아이		uai 우아이	
		ei 에이		uei(-ui) 우에이	
		ao 아오	iao 이아오		
		ou 오우	iou(-iu) 이오우		
비운모 (鼻韵母)		an 안	ian 이엔	uan 우안	üan 위엔
		en 언	in 인	uen(-un) 우언	ün 윈
		ang 앙	iang 이앙	uang 우앙	
		eng 엉	ing 잉	ueng 우엉	
		ong 옹	iong 이옹		
권설운모 (卷舌韵母)			er 얼		

1. iou(iu), uei(ui), uen(un)은 성모와 결합 시 괄호 안에 운모로 표기하고 원래 운모대로 발음합니다.

   예 j + iou = jiu[지오우]   z + uei = zui[주에이]

2. 'ian'은 'i'와 'an'이 결합된 예외 발음으로서 '이안'이라 발음하지 않고 '이엔'이라고 발음해야 합니다.

3. 성모 없이 운모 'i'와 'u'가 단독으로 쓰일 경우 'i' 앞에 'y'를 붙여 'yi'로 표기하고, 'u' 앞에 'w'를 붙여 'wu'로 표기합니다. 'i'나 'u'로 시작하는 복운모의 경우 역시 동일한 방식으로 표기합니다.

4. 'ü'로 시작하는 운모의 경우 'ü' 앞에 'y'를 붙이고 'ü' 위에 두 점은 생략하여 표기합니다. 또한, 성모 'j, q, x'와 결합할 때도 두 점 없이 'u'로 표기하여 사용합니다.

   예 j, q, x + ü → ju, qu, xu

Step 3 성조

'성조(声调)'란 운모 위에 표기하여 단어의 뜻을 구분하는 '소리의 높낮이'를 일컫습니다. 성조는 총 4가지 '제1성, 2성, 3성, 4성' 기본 성조와 성조가 표기되지 않는 '경성(轻声)'으로 이루어져 있으며, 성조가 달라지면 의미도 달라집니다.

🎧 MP3 - 03

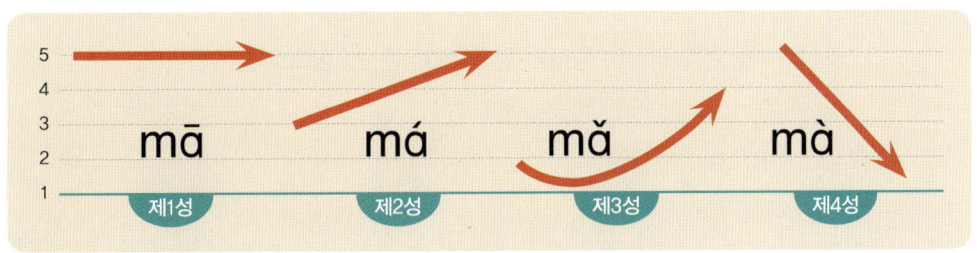

제1성 mā 가장 높고 평탄하게 내는 소리로 표기는 [ˉ]로 합니다.

제2성 má 중간 음에서 가장 높은 음으로 굴곡 있게 올리는 소리로 표기는 [ˊ]로 합니다.

제3성 mǎ 낮은 음에서 가장 낮은 음까지 내렸다가 올리는 소리로 표기는 [ˇ]로 합니다.

제4성 mà 가장 높은 음(제1성의 위치)에서 가장 낮은 음으로 빠르게 내리며 내는 소리로 표기는 [ˋ]로 합니다.

• 성조 표기법

성조는 운모 위에 표기를 기본으로 하며, 복음모의 경우 기본 운모 순서에 따라 성조 표기를 합니다. 단, 'i', 'u'가 함께 나오면 성조는 뒤에 오는 운모에 표기합니다.

a > o, e > i, u, ü

예 liù (×) → liù (○)

1 '제3성'의 성조 변화

제3성 발음 뒤에 오는 글자를 자연스럽게 연음하기 위해 성조가 변하게 되는데, 이것을 '성조 변화'라고 합니다. 발음할 때는 소리가 변하지만, 표기는 원래의 성조로 합니다.

① 제3성과 제1, 2, 4, 경성이 만나면 앞의 제3성은 반3성으로 발음합니다.

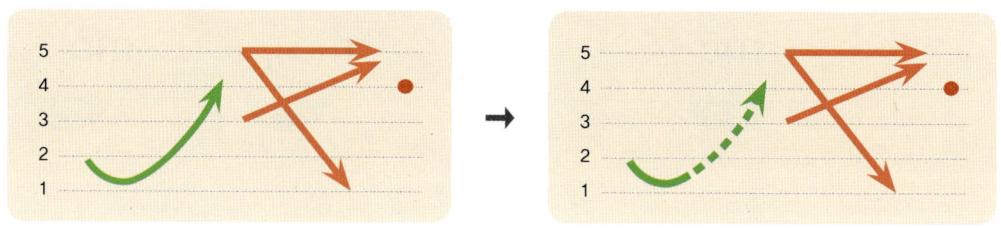

② 제3성이 연달아 나오는 경우, 앞의 제3성은 제2성으로 발음합니다.

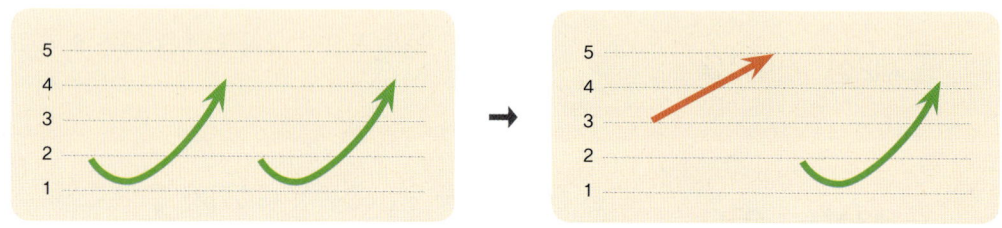

② '不'의 성조 변화

'不(bù)' 뒤에 제4성이 연이어 오게 되면, '不(bù)'는 제2성으로 발음하며, 발음 및 성조 표기 시 변화된 발음으로 성조를 표기합니다. 정반의문문에서 '不'는 반드시 경성으로 표기하고 발음해야 합니다.

★ 술어를 '긍정 + 부정' 형식으로 병렬시켜 만든 의문문입니다.

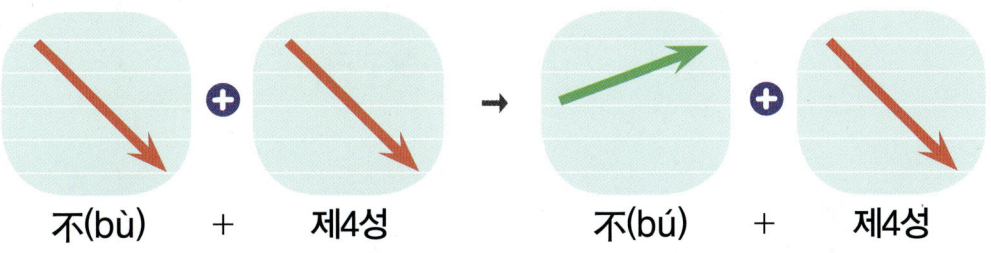

③ '一'의 성조 변화

'一(yī)'는 뒤에 제1, 2, 3성이 연이어 오게 되면 제4성으로 바꾸어 발음하고, 뒤에 제4성이 이어지면 2성으로 발음합니다. '一(yī)'가 단독으로 쓰이거나 서수로 쓰일 때는 원래의 성조인 제1성으로 발음하고 표기합니다.

★ 예 第一 dì-yī 첫 번째

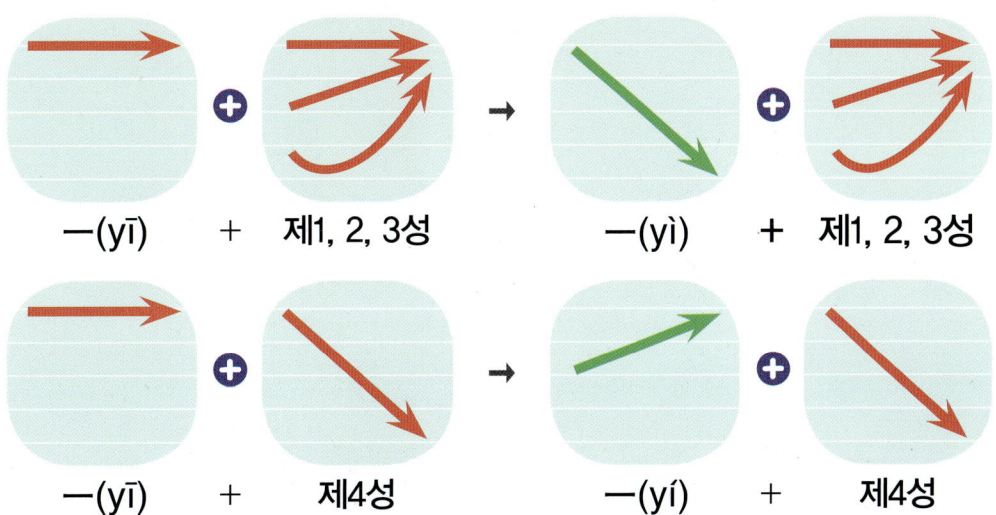

Step 4 격음부호 & 儿화

1 격음부호(')

a, o, e로 시작하는 음절이 다른 음절의 뒤에 오면, 앞 음절과 뒤 음절을 확실히 구분하기 위해 '격음부호(')'를 사용합니다.

西安   Xī'ān → 격음부호

2 儿화

운모 뒤에 권설운모인 'er'을 붙여 발음하는 현상을 '얼화(儿化)'라고 합니다. 운모 끝에 '-r'을 붙여 표기하며, 혀를 살짝 말아서 발음해야 합니다.

事儿   shìr

Final Step 연습 문제

1. 녹음을 듣고, 알맞은 성모를 고르세요. 🎧 MP3 – 04

   ① f   p

   ② n   l

   ③ j   z

   ④ q   x

2. 녹음을 듣고, 알맞은 운모를 써 보세요. 🎧 MP3 – 05

   ① n_____   ② h_____

   ③ z_____   ④ sh_____

   ⑤ sh_____   ⑥ j_____

   ⑦ g_____   ⑧ x_____

3. 녹음을 듣고, 한어병음 위에 알맞은 성조를 표기하세요. 🎧 MP3 – 06

   ① zui

   ② liu

   ③ xian

   ④ guan

4. 녹음을 듣고, 알맞은 한어병음을 고르세요.   MP3 – 07

   ❶ nǐ hǎo   nì hǎo   ní hǎo

   ❷ zǎijiàn   zàijiàn   zāijiàn

   ❸ xièxie   xiěxiě   xiēxiě

   ❹ jìxù   jīxù   jǐxǔ

5. 녹음을 듣고, 성조 변화에 주의하여 발음해 보세요.   MP3 – 08

   ❶ 可口可乐   kěkǒu kělè

   ❷ 老师好！   Lǎoshī hǎo!

   ❸ 你们好！   Nǐmen hǎo!

   ❹ 很好   hěn hǎo

Warm-Down 플러스 단어

 중국어로 숫자를 배워봅시다. 🎧 MP3 - 09

零 líng 영 　　四 sì 넷, 사 　　八 bā 여덟, 팔

一 yī 하나, 일 　五 wǔ 다섯, 오 　九 jiǔ 아홉, 구

二 èr 둘, 이 　　六 liù 여섯, 육 　十 shí 열, 십

三 sān 셋, 삼 　　七 qī 일곱, 칠

Lesson 02

你好！
Nǐ hǎo!

안녕하세요!

학습 목표	인칭대사
	시간, 장소, 대상에 따른 인사 표현

Warm-Up 새 단어

- 你 nǐ [대] 너, 당신
- 好 hǎo [형] 좋다
- 再见 zàijiàn [동] 안녕(작별 인사), 잘 가
- 们 men [접미] ~들(인칭대사나 사람을 지칭하는 명사 뒤에 쓰여 복수를 나타냄)
- 老师 lǎoshī [명] 선생님
- 谢谢 xièxie [동] 감사합니다, 고맙습니다
- 不客气 bú kèqi 천만에요, 별말씀을요

- 对不起 duìbuqǐ [동] 미안합니다, 죄송합니다
- 没关系 méi guānxi 괜찮다, 상관없다
- 认识 rènshi [동] 알다, 인식하다
- 很 hěn [부] 매우
- 高兴 gāoxìng [형] 기쁘다, 흥겹다
- 我 wǒ [대] 나, 저
- 也 yě [부] ~도

Step 1 회화 ①

🎧 MP3 – 11

A 你好!
Nǐ hǎo!

B 你好!
Nǐ hǎo!

A 再见!
Zàijiàn!

B 再见!
Zàijiàn!

A 你们好!
Nǐmen hǎo!

B, C 老师好!
Lǎoshī hǎo!

A 안녕!

B 안녕!

A 잘 가!

B 잘 가!

A 얘들아 안녕!

B, C 선생님 안녕하세요!

회화 ②

🎧 MP3 – 12

A 谢谢。
Xièxie.

B 不客气。
Bú kèqi.

A 对不起。
Duìbuqǐ.

B 没关系。
Méi guānxi.

A 认识你很高兴。
Rènshi nǐ hěn gāoxìng.

B 认识你我也很高兴。
Rènshi nǐ wǒ yě hěn gāoxìng.

A 감사합니다.

B 별말씀을요.

A 미안합니다.

B 괜찮습니다.

A 당신을 알게 돼서 반갑습니다.

B 당신을 알게 돼서 저도 반갑습니다.

Step 2 문법

1 인칭대사

중국어에서 인칭대사는 간단합니다. 아래 표를 보고 중국어의 인칭대사를 알아봅시다.

구분	1인칭	2인칭	3인칭		
단수	我 wǒ 나, 저	你, 您 nǐ, nín 너, 당신	他 tā 그	她 tā 그녀	它 tā 그것 ★ 사물이나 동물을 지칭할 때 주로 사용합니다.
복수	我们 wǒmen 우리	你们 nǐmen 너희	他们 tāmen 그들	她们 tāmen 그녀들	它们 tāmen 그것들

 복수를 나타낼 때는 사람을 가리키는 명사나 대명사 뒤에 '们'을 붙입니다.

2 시간, 장소, 대상에 따른 인사 표현

(1) 만났을 때

기본 인사 표현은 '대상'이나 '시간'을 나타내는 명사 뒤에 '好'를 붙여 사용합니다.

{ 대상/시간 + 好 }

(2) 헤어질 때

헤어질 때는 구체적으로 만날 '시간' 또는 '장소' 뒤에 '见'을 붙여 사용합니다. '再见'은 헤어질 때 가장 많이 사용하는 인사말로 구체적인 시간이나 장소 표현 없이 가볍게 인사하는 표현입니다.

{ 시간/장소 + 见 }

早上 zǎoshang 아침	上午 shàngwǔ 오전	中午 zhōngwǔ 정오	下午 xiàwǔ 오후	晚上 wǎnshang 저녁

Step 3 패턴 연습

🎧 MP3-13

1 您 / 大家 / 同学们 好！
→ Nín hǎo!
   Dàjiā hǎo!
   Tóngxuémen hǎo!

2 早上 / 下午 / 晚上 好！
→ Zǎoshang hǎo!
   Xiàwǔ hǎo!
   Wǎnshang hǎo!

3 明天 / 周末 / 学校门口 见！
→ Míngtiān jiàn!
   Zhōumò jiàn!
   Xuéxiào ménkǒu jiàn!

보충단어

大家 dàjiā 대 모두, 다들
同学 tóngxué 명 학우, 급우
明天 míngtiān 명 내일

周末 zhōumò 명 주말
学校 xuéxiào 명 학교
门口 ménkǒu 명 입구

Lesson 02 你好！안녕하세요! **27**

Final Step 연습 문제 & 간체자 쓰기

1. 녹음에서 들려주는 문장과 일치하는 사진을 보기에서 찾으세요. 🎧 MP3 – 14

❶ (   ) ❷ (   ) ❸ (   ) ❹ (   )

2. 다음 대화를 의미에 알맞게 연결하세요.

❶ 您好！ ・   ・明天见！

❷ 再见！ ・   ・没关系。

❸ 对不起。 ・   ・不客气。

❹ 谢谢。 ・   ・你们好！

3. 보기의 단어를 빈칸에 알맞게 넣어 주세요.

> 们   认识   见   也

❶ (　　)你很高兴。

❷ 我(　　)很高兴。

❸ 明天(　　)！

❹ 你(　　)好！

4. 다음 문장을 중국어로 작문해 보세요.

❶ 감사합니다.

→ _____

❷ 별말씀을요.

→ _____

❸ 미안합니다.

→ _____

❹ 괜찮습니다.

→ _____

5. 다음 단어를 따라 써 보세요.

획순						
我 wǒ 나, 저	我 wǒ				我我我我我我我	

획순						
你 nǐ 너, 당신	你 nǐ				你你你你你你你	

획순						
他们 tāmen 그들	他 们 tāmen				他他他他他 / 们们们们们	

획순						
老师 lǎoshī 선생님	老 师 lǎoshī				一十尹耂老老 / 师师师师师师	

획순						
再见 zàijiàn 잘 가	再 见 zàijiàn				再厂丏再再再 / 见见见见	

Warm-Down 플러스 단어

+ 爷爷好！ 할아버지 안녕하세요! 🎧 MP3-15

爷爷 yéye	할아버지	姐姐 jiějie	언니, 누나
奶奶 nǎinai	할머니	妹妹 mèimei	여동생
爸爸 bàba	아빠	哥哥 gēge	오빠, 형
妈妈 māma	엄마	弟弟 dìdi	남동생

Lesson 03

最近忙不忙?
Zuìjìn máng bu máng?

요즘 바빠요 안 바빠요?

학습 목표 | 형용사술어문
정도부사
'呢' 의문문

Warm-Up 새 단어

- 饿 è 형 배고프다
- 吗 ma 조 ~입니까?
- 都 dōu 부 모두, 다, 전부
- 呢 ne 조 ~는요?
- 代理 dàilǐ 명 대리
- 最近 zuìjìn 명 최근, 요즘
- 忙 máng 형 바쁘다, 틈이 없다
- 不 bù 부 ~이 아니다
- 非常 fēicháng 부 매우, 굉장히
- 部长 bùzhǎng 명 부장
- 不太 bú tài 그다지, 별로
- 金 Jīn 명 성(姓), 김
- 李 Lǐ 명 성(姓), 이

Step 1 회화 ①

🎧 MP3-17

A 你们饿吗?
Nǐmen è ma?

A 너희들 배고프니?

B,C 我们都很饿。老师, 您呢?
Wǒmen dōu hěn è. Lǎoshī, nín ne?

B,C 저희 다 배고파요, 선생님은요?

A 我也很饿。
Wǒ yě hěn è.

A 나도 배고파.

회화 ②

🎧 MP3-18

A 金代理，最近忙不忙？
Jīn dàilǐ, zuìjìn máng bu máng?

B 我非常忙。
Wǒ fēicháng máng.

李部长，您呢？
Lǐ bùzhǎng, nín ne?

A 我不太忙。
Wǒ bú tài máng.

A 김 대리, 요즘 바빠 안 바빠?

B 저 굉장히 바빠요.
이 부장님은요?

A 나는 별로 안 바빠.

Step 2 문법

1 형용사술어문

'바쁘다', '배고프다'와 같은 형용사가 술어 역할을 하는 문장을 '형용사술어문'이라고 합니다. 형용사 술어 앞에 흔히 '真, 太, 非常, 很' 등의 부사를 사용하여 술어의 정도를 나타냅니다. 긍정문에서는 기본적으로 '很'을 가장 많이 사용하며, 부정문에서는 '不'를 사용합니다.

[긍정문]　　　주어 + 很 + 형용사
[부정문]　　　주어 + 不 + 형용사
[평서의문문]　주어 + 형용사 + 吗?　★ 평서문의 끝에 '吗'를 붙이면 의문문이 됩니다.
[정반의문문]　주어 + 형용사 + 不 + 형용사?
　　　　　　　　　　　　　★ 술어의 긍정형과 부정형을 연이어 사용하면 의문문이 됩니다.

- 다양한 정도부사

很	hěn	매우
挺…的	tǐng…de	매우, 아주(구어)
太…了	tài…le	너무 ~하다
非常	fēicháng	대단히, 매우
真	zhēn	진짜, 정말 ~하다
最	zuì	가장, 제일
不太	bú tài	그다지 ~않다

2 '呢' 의문문

앞에서 질문한 내용과 같은 내용을 반복하여 물어볼 경우, 명사나 대사 바로 뒤에 '呢'를 사용하여 간단하게 질문할 수 있습니다.

A: 你好吗? 잘 지내?
B: 我很好。你呢? 나는 잘 지내. 너는?

Step 3 패턴 연습

🎧 MP3-19

1 她 [漂亮 / 可爱 / 累] 吗?

→ Tā piàoliang ma?
Tā kě'ài ma?
Tā lèi ma?

2 北京 [热不热 / 近不近 / 大不大] ?

→ Běijīng rè bu rè?
Běijīng jìn bu jìn?
Běijīng dà bu dà?

3 苹果 [真 / 非常 / 不太] 好吃。

→ Píngguǒ zhēn hǎochī.
Píngguǒ fēicháng hǎochī.
Píngguǒ bú tài hǎochī.

보충단어

漂亮 piàoliang 형 예쁘다
可爱 kě'ài 형 귀엽다
累 lèi 형 지치다, 피곤하다

北京 Běijīng 고유 베이징, 북경
热 rè 형 덥다
近 jìn 형 가깝다

大 dà 형 (부피/면적 등이) 크다
苹果 píngguǒ 명 사과
好吃 hǎochī 형 맛있다

Final Step 연습 문제 & 간체자 쓰기

1. 녹음에서 들려주는 문장과 일치하는 사진을 보기에서 찾으세요. 🎧 MP3 – 20

❶ (　　　)　　❷ (　　　)　　❸ (　　　)　　❹ (　　　)

2. 다음 대화를 의미에 알맞게 연결하세요.

❶ 你好吗?　·　　　　　　　· 她很漂亮。

❷ 她漂亮吗?　·　　　　　　· 我们都很饿。

❸ 你们饿吗?　·　　　　　　· 我不忙。

❹ 你忙不忙?　·　　　　　　· 我不太好。

3. 보기의 단어를 빈칸에 알맞게 넣어 주세요.

> 可爱   非常   最近   也

❶ (　　　)我很忙。

❷ 我(　　　)很忙。

❸ 她(　　　)吗？

❹ 苹果(　　　)好吃。

4. 다음 문장을 중국어로 작문해 보세요.

❶ 너 배고파 안 고파?

　→ _____

❷ 나는 배 안 고파. 너는?

　→ _____

❸ 나는 굉장히 바빠.

　→ _____

❹ 나는 별로 안 바빠.

　→ _____

5. 다음 단어를 따라 써 보세요.

획순		
很 hěn 매우, 아주	很 hěn	很很很很很很很很很

획순		
吗 ma ~입니까?	吗 ma	吗吗吗吗吗吗

획순		
非常 fēicháng 대단히, 매우	非 常 fēicháng	非非非非非非非非 / 常常常常常常常常常常常

획순		
不太 bú tài 그다지, 별로	不 太 bú tài	不不不不 / 太太太太

획순		
呢 ne ~는요?	呢 ne	呢呢呢呢呢呢呢

Warm-Down 플러스 단어

➕ 他胖吗? 그는 뚱뚱한가요? 🎧 MP3 - 21

多 duō 많다	长 cháng 길다	大 dà 크다
少 shǎo 적다	短 duǎn 짧다	小 xiǎo 작다
热 rè 덥다	高 gāo 높다, (키가) 크다	远 yuǎn 멀다
冷 lěng 춥다	矮 ǎi 낮다, (키가) 작다	近 jìn 가깝다
贵 guì 비싸다	胖 pàng 뚱뚱하다	快 kuài 빠르다
便宜 piányi 저렴하다	瘦 shòu 날씬하다, 마르다	慢 màn 느리다

Lesson 04

我是韩国人。
Wǒ shì Hánguórén.

나는 한국인이에요.

학습 목표 | 동사술어문
'是'자문
의문대사
지시대사

Warm-Up 새 단어

🎧 MP3 - 22

- ☐ 是 shì 동 ~이다
- ☐ 人 rén 명 사람
- ☐ 叫 jiào 동 ~라고 부르다
- ☐ 什么 shénme 대 무엇(의문을 나타냄)
- ☐ 名字 míngzi 명 이름
- ☐ 一起 yìqǐ 부 같이, 함께
- ☐ 看 kàn 동 보다
- ☐ 电影 diànyǐng 명 영화
- ☐ 怎么样 zěnmeyàng 대 어떻다, 어떠하다
- ☐ 喜欢 xǐhuan 동 좋아하다
- ☐ 喝 hē 동 마시다
- ☐ 可乐 kělè 명 콜라
- ☐ 去 qù 동 가다
- ☐ 买 mǎi 동 사다
- ☐ 吧 ba 조 ~하자, ~해라(문장 끝에 쓰여 제안, 권유, 명령의 어기를 나타냄)
- ☐ 这(个) zhè(ge) 대 이(것)
- ☐ 那(个) nà(ge) 대 그(것), 저(것)
- ☐ 果汁 guǒzhī 명 과일 주스
- ☐ 韩国 Hánguó 고유 한국

Lesson 04 我是韩国人。 나는 한국인이에요.

Step 1 회화 ①

🎧 MP3 - 23

A 你是韩国人吗?
Nǐ shì Hánguórén ma?

B 是，我是韩国人。你叫什么名字?
Shì, wǒ shì Hánguórén. Nǐ jiào shénme míngzi?

A 我叫○○○。你呢?
Wǒ jiào OOO. Nǐ ne?

B 我叫○○○。
Wǒ jiào OOO.

A 认识你很高兴!
Rènshi nǐ hěn gāoxìng!

A 너는 한국인이니?

B 응, 나는 한국인이야.
네 이름은 뭐니?

A 나는 OOO이라고 해.
너는?

B 나는 OOO이라고 해.

A 만나서 반가워!

회화 ②

🎧 MP3 – 24

A 我们一起看电影，怎么样？
Wǒmen yìqǐ kàn diànyǐng, zěnmeyàng?

B 好！我喜欢看电影。
Hǎo! Wǒ xǐhuan kàn diànyǐng.

(영화관에서)

A 你喝不喝可乐？我去买吧。
Nǐ hē bu hē kělè? Wǒ qù mǎi ba.

B 我不喝可乐。(음료를 보여 주며) 我喝这个。
Wǒ bù hē kělè. Wǒ hē zhège.

A 那是什么？
Nà shì shénme?

B 这是果汁。
Zhè shì guǒzhī.

A 우리 같이 영화 보는 거, 어때?

B 좋아! 나 영화 보는 거 좋아해.

(영화관에서)

A 너 콜라 마셔 안 마셔? 내가 가서 살게.

B 나 콜라 안 마셔. (음료를 보여 주며) 나 이거 마셔.

A 그건 뭐야?

B 이건 과일 주스야.

Lesson 04 我是韩国人。나는 한국인이에요. **45**

Step 2 문법

1. 동사술어문

동사가 술어로 쓰인 문장을 '동사술어문'이라 하며 부정형은 동사 앞에 '不'가 옵니다. '不' 뒤에 성조 변화에 주의하여 발음합니다.

> [긍정문]　　주어 + 동사 + (목적어)
> [부정문]　　주어 + 不 + 동사 + (목적어)
> [평서의문문] 주어 + 동사 + (목적어) + 吗?
> [정반의문문] 주어 + 동사 + 不 + 동사 + (목적어)?

2. '是'자문

'是'자가 술어로 쓰인 문장을 '是'자문이라 하며, '~이다'로 해석합니다. 주어를 설명하거나 주어와 목적어가 대등함을 나타내는 문장이기도 합니다.

> [긍정문]　　주어 + 是 + 목적어
> [부정문]　　주어 + 不是 + 목적어
> [평서의문문] 주어 + 是 + 목적어 + 吗?
> [정반의문문] 주어 + 是不是 + 목적어?

3. 의문대사

의문대사는 무엇, 어떤 것, 누구 등 명백하지 않은 것을 구체적으로 알기 위해 질문할 때 사용합니다. 이때 '吗'는 붙이지 않습니다.

Who - 谁 shéi - 누가 / When - 什么时候 shénme shíhou - 언제 / Where - 哪儿 nǎr - 어디서
What - 什么 shénme - 무엇을 / How - 怎么 zěnme - 어떻게 / Why - 为什么 wèishénme - 왜

4. 지시대사

구분	가까운 거리 这 zhè	먼 거리 那 nà	불확실한 거리 哪 nǎ
사람	这个人 zhège rén 이 사람	那个人 nàge rén 저 사람	哪个人 nǎ ge rén 어느 사람
사물	这个 zhège 이것	那个 nàge 저것	哪个 nǎ ge 어느 것
장소	这儿 zhèr 이곳	那儿 nàr 저곳	哪儿 nǎr 어디

Step 3 패턴 연습

🎧 MP3 - 25

1 你 [回家 / 打电话 / 听音乐] 吗?

→ Nǐ huí jiā ma?
　Nǐ dǎ diànhuà ma?
　Nǐ tīng yīnyuè ma?

2 我是 [中国人 / 大学生 / 公司职员] 。

→ Wǒ shì Zhōngguórén.
　Wǒ shì dàxuéshēng.
　Wǒ shì gōngsī zhíyuán.

3 你喜欢 [吃什么 / 谁 / 去哪儿] ?

→ Nǐ xǐhuan chī shénme?
　Nǐ xǐhuan shéi?
　Nǐ xǐhuan qù nǎr?

보충단어

回家 huí jiā 집으로 돌아가다　　中国人 Zhōngguórén 명 중국인　　吃 chī 동 먹다

打电话 dǎ diànhuà 전화를 걸다　　大学生 dàxuéshēng 명 대학생

听音乐 tīng yīnyuè 음악을 듣다　　公司职员 gōngsī zhíyuán 명 회사원

Lesson 04　我是韩国人。나는 한국인이에요. **47**

Final Step 연습 문제 & 간체자 쓰기

1. 녹음에서 들려주는 문장과 일치하는 사진을 보기에서 찾으세요. 🎧 MP3 – 26

A

B

C

D

❶ (　　　)　　❷ (　　　)　　❸ (　　　)　　❹ (　　　)

2. 다음 대화를 의미에 알맞게 연결하세요.

❶ 她喝不喝可乐?　　·　　　　　　·　他们不是韩国人。

❷ 我们一起看电影吧。　·　　　　　·　她不喝可乐。

❸ 他们是韩国人吗?　　·　　　　　·　对不起，我很忙。

❹ 我是公司职员，你呢?　·　　　　·　我是老师。

3. 보기의 단어를 빈칸에 알맞게 넣어 주세요.

   什么   喝   喜欢   是不是

   ❶ 你叫(　　　)名字?

   ❷ 她不(　　　)果汁。

   ❸ 他们(　　　)大学生?

   ❹ 我(　　　)看电影。

4. 다음 문장을 중국어로 작문해 보세요.

   ❶ 너는 이름이 뭐니?

   → _____

   ❷ 너는 대학생이니?

   → _____

   ❸ 그건 뭐야?

   → _____

   ❹ 나는 영화 보는 걸 좋아해.

   → _____

Lesson 04 我是韩国人。나는 한국인이에요. **49**

5. 다음 단어를 따라 써 보세요.

획순		叫 叫 叫 叫 叫
叫 jiào ~라고 부르다	叫 jiào	

획순		高高高高高高高高高 / 兴兴兴兴兴兴
高兴 gāoxìng 기쁘다	高 兴 gāoxìng	

획순		韩韩韩韩韩韩韩韩韩韩 / 国国国国国国国国
韩国 Hánguó 한국	韩 国 Hánguó	

획순		电电电电电 / 影影影影影影影影影影影影影
电影 diànyǐng 영화	电 影 diànyǐng	

획순		果果果果果果果果 / 汁汁汁汁汁
果汁 guǒzhī 과일 주스	果 汁 guǒzhī	

Warm-Down 플러스 단어

+ 他们是哪国人? 그들은 어느 나라 사람인가요? 🎧 MP3-27

俄罗斯	Éluósī	러시아	法国	Fǎguó	프랑스
西班牙	Xībānyá	스페인	意大利	Yìdàlì	이탈리아
加拿大	Jiānádà	캐나다	德国	Déguó	독일
日本	Rìběn	일본	英国	Yīngguó	영국
美国	Měiguó	미국	台湾	Táiwān	대만

Lesson 05

他有女朋友吗?
Tā yǒu nǚpéngyou ma?
그는 여자 친구가 있나요?

학습 목표 | 소유동사 '有'
존재동사 '在, 有, 是'
방위사
구조조사 '的'

Warm-Up 새 단어

🎧 MP3 – 28

- ☐ 家 jiā 명 집
- ☐ 有 yǒu 동 있다(존재, 소유를 나타냄)
- ☐ 几 jǐ 수 몇, 얼마
- ☐ 口 kǒu 양 사람(식구)
- ☐ 哥哥 gēge 명 오빠, 형
- ☐ 帅 shuài 형 잘생기다, 멋지다
- ☐ 今年 jīnnián 명 올해
- ☐ 多 duō 부 얼마나(의문문에 쓰여 정도를 나타냄)
- ☐ 大 dà 형 (나아가) 많다
- ☐ 岁 suì 양 살, 세
- ☐ 没(有) méi(yǒu) 동 없다, 가지고 있지 않다
- ☐ 女朋友 nǚpéngyou 명 여자 친구
- ☐ 不知道 bù zhīdào 모른다, 몰라요
- ☐ 天气 tiānqì 명 날씨, 일기
- ☐ 自行车 zìxíngchē 명 자전거
- ☐ 骑车 qí chē 자전거를 타다
- ☐ 的 de 조 ~의, ~의 것
- ☐ 一直 yìzhí 부 계속, 줄곧
- ☐ 在 zài 동 (사람이나 사물이) ~에 있다
- ☐ 阳台 yángtái 명 베란다, 발코니
- ☐ 上 shang 명 ~위에, ~에(명사 뒤에 쓰여, 어떤 것의 범위 안에 있음을 나타냄)
- ☐ 小李 Xiǎo Lǐ 고유 샤오리(인명)

Lesson 05 他有女朋友吗? 그는 여자 친구가 있나요?

Step 1 회화 ①

🎧 MP3-29

A 小李家有几口人?
Xiǎo Lǐ jiā yǒu jǐ kǒu rén?

B 四口人。 她哥哥很帅。
Sì kǒu rén.　Tā gēge hěn shuài.

A 他今年多大?
Tā jīnnián duō dà?

B 二十四岁。
Èrshísì suì.

A 他有女朋友吗?
Tā yǒu nǚpéngyou ma?

B 我也不知道。
Wǒ yě bù zhīdào.

A 샤오리네 식구가 몇이지?

B 네 식구야. 그녀의 오빠가 진짜 잘생겼어.

A 그가 올해 몇 살이지?

B 스물네 살이야.

A 여자 친구가 있대?

B 나도 몰라.

회화 ②

🎧 MP3-30

A 天气很好。小李，你有自行车吗？
Tiānqì hěn hǎo. Xiǎo Lǐ, Nǐ yǒu zìxíngchē ma?

周末我们骑车，怎么样？
Zhōumò wǒmen qí chē, zěnmeyàng?

B 我没有自行车。
Wǒ méiyǒu zìxíngchē.

A 没关系。你骑我弟弟的吧。
Méi guānxi. Nǐ qí wǒ dìdi de ba.

他的自行车一直在阳台上。
Tā de zìxíngchē yìzhí zài yángtái shang.

A 날씨 좋다. 샤오리,
너 자전거 있지?
주말에 우리 자전거 타는
거 어때?

B 나 자전거 없어.

A 괜찮아. 내 남동생 거 타.
동생 자전거가 계속 베란
다에 있어.

Lesson 05　他有女朋友吗？　그는 여자 친구가 있나요？　**55**

Step 2 문법

1. 소유동사 '有'

'~을 가지고 있다(소유)'의 표현은 '有'를 사용하며, 사람이 주어가 되고, '不'가 아닌 '没'로 부정합니다.

[긍정문]   주어 + 有 + 목적어
[부정문]   주어 + 没有 + 목적어
[평서의문] 주어 + 有 + 목적어 + 吗?
[정반의문] 주어 + 有没有 + 목적어?

2. 존재동사 '在, 有, 是'

'~에 있다'는 존재를 나타낼 때는 '在, 有, 是'를 사용합니다.

★ 주어가 사람이면 소유의 '有', 주어가 장소이면 존재의 '有'입니다.

[존재문]
사람, 사물 + 在 + 장소(장소가 아닌 것 + 방위사)
장소(장소가 아닌 것 + 방위사) + 有/是 + 사람, 사물

- 방위사   ★ 방향을 나타내는 명사를 방위사라고 합니다.

上边 shàngbian 위쪽	下边 xiàbian 아래쪽	里边 lǐbian 안쪽	外边 wàibian 바깥쪽	旁边 pángbiān 옆쪽	附近 fùjìn 근처
左边 zuǒbian 왼쪽	右边 yòubian 오른쪽	前边 qiánbian 앞쪽	后边 hòubian 뒤쪽	对面 duìmiàn 맞은편	中间 zhōngjiān 가운데

3. 구조조사 '的'

주로 관형어 뒤에 접속하여 주어나 목적어 앞에서 명사를 수식하는 용도로 사용하며 '~의'로 해석합니다. 이때 수식 받는 '的' 이하의 명사는 생략할 수 있으며, 생략할 경우 '的'는 '~의 것'으로 해석해야 합니다.

예) 我的车 wǒ de chē 나의 차
    我的 wǒ de 나의 것

Step 3 패턴 연습

🎧 MP3 - 31

1 你有 [书 / 杯子 / 时间] 吗?

➡ Nǐ yǒu shū ma?
　Nǐ yǒu bēizi ma?
　Nǐ yǒu shíjiān ma?

2 报纸在 [桌子上边 / 房间里 / 电脑旁边] 。

➡ Bàozhǐ zài zhuōzi shàngbian.
　Bàozhǐ zài fángjiān li.
　Bàozhǐ zài diànnǎo pángbiān.

3 这是 [儿子 / 他卖 / 女儿做] 的面包。

➡ Zhè shì érzi de miànbāo.
　Zhè shì tā mài de miànbāo.
　Zhè shì nǚ'ér zuò de miànbāo.

보충단어

书 shū 명 책
杯子 bēizi 명 잔, 컵
时间 shíjiān 명 시간
报纸 bàozhǐ 명 신문
桌子 zhuōzi 명 탁자, 테이블
房间 fángjiān 명 방
电脑 diànnǎo 명 컴퓨터
儿子 érzi 명 아들
面包 miànbāo 명 빵
卖 mài 동 팔다
做 zuò 동 하다, 만들다

Lesson 05 他有女朋友吗? 그는 여자 친구가 있나요?

Final Step 　연습 문제 & 간체자 쓰기

1. 녹음에서 들려주는 문장과 일치하는 사진을 보기에서 찾으세요. 🎧 MP3-32

A

B

C

D

❶ (　　　)　　❷ (　　　)　　❸ (　　　)　　❹ (　　　)

2. 다음 대화를 의미에 알맞게 연결하세요.

❶ 我的电脑在哪儿?　·　　　　　　　· 我太忙了，没有时间。

❷ 这是你妈妈做的吗?　·　　　　　　　· 不是，这是我做的。

❸ 谁没有书?　·　　　　　　　· 在你的桌子上边。

❹ 你有时间吗?　·　　　　　　　· 我没有书。

3. 보기의 단어를 빈칸에 알맞게 넣어 주세요.

> 旁边　　没有　　房间　　在

❶ 电脑(　　)有报纸。

❷ 你的在(　　)里。

❸ 报纸(　　)桌子上边。

❹ 我(　　)中国朋友。

4. 다음 문장을 중국어로 작문해 보세요.

❶ 우리 집은 네 식구야.

→ _____

❷ 너는 여자 친구가 있니?

→ _____

❸ 이건 누구 자전거니?

→ _____

❹ 저건 내 거야.

→ _____

5. 다음 단어를 따라 써 보세요.

획순			
帅 shuài 잘생기다	帅 shuài		帅 帅 帅 帅 帅

획순			
今年 jīnnián 올해	今 年 jīnnián		今 今 今 今 / 年 年 年 年 年 年

획순			
天气 tiānqì 날씨	天 气 tiānqì		天 天 天 天 / 气 气 气 气

획순			
骑车 qí chē 자전거를 타다	骑 车 qí chē		骑 骑 骑 骑 骑 骑 骑 骑 骑 骑 / 车 车 车 车

획순			
的 de ~의, ~의 것	的 de		的 的 的 的 的 的 的

Warm-Down 플러스 단어

➕ 眼镜在哪儿? 안경은 어디에 있나요? MP3-33

眼镜 yǎnjìng 안경	颜色 yánsè 색상
帽子 màozi 모자	蓝色 lánsè 파란색
裙子 qúnzi 치마	红色 hóngsè 빨간색
裤子 kùzi 바지	绿色 lǜsè 녹색
运动鞋 yùndòngxié 운동화	白色 báisè 하얀색
皮鞋 píxié 구두	黄色 huángsè 노란색
袜子 wàzi 양말	黑色 hēisè 검은색

복습하기 Lesson 01~05

학습 목표 | 01~05과에서 배운 단어와 회화 표현을 확인하고 복습합니다.

Review the Pattern 패턴 복습하기

 한국어 문장을 보면서 중국어 문장을 들어 보세요. 🎧 MP3-34

1. 안녕하세요!

2. 감사합니다.

3. 별말씀을요.

4. 미안합니다.

5. 괜찮습니다.

6. 요즘 바빠요 안 바빠요?

7. 나는 한국인이에요.

8. 당신 이름은 뭐예요?

9. 당신을 알게 돼서 반갑습니다!

10. 당신 식구가 몇이에요?

중국어 문장을 들으면서 따라 읽어 보세요. 🎧 MP3-35

		1회	2회	3회

1. 你好！
2. 谢谢。
3. 不客气。
4. 对不起。
5. 没关系。
6. 最近忙不忙？
7. 我是韩国人。
8. 你叫什么名字？
9. 认识你很高兴！
10. 你家有几口人？

Exercise 연습문제

1. 녹음을 들으며 한어병음에 알맞은 한자와 뜻을 연결해 보세요. 🎧 MP3-36

① rènshi ・　　・ 老师 ・　　・ 없다

② è ・　　・ 我 ・　　・ 배고프다

③ méiyǒu ・　　・ 认识 ・　　・ 이름

④ zài ・　　・ 没有 ・　　・ ~에 있다

⑤ nǐmen ・　　・ 饿 ・　　・ 나

⑥ lǎoshī ・　　・ 你们 ・　　・ 알다

⑦ wǒ ・　　・ 名字 ・　　・ 선생님

⑧ míngzi ・　　・ 在 ・　　・ 너희들

2. 의미가 통하도록 대화문을 연결해 보세요.

① 他有女朋友吗? ・　　・ 好，我喜欢看电影。

② 一起看电影，怎么样? ・　　・ 我不太累。

③ 我很饿，你呢? ・　　・ 没有。

④ 你累不累? ・　　・ 我也很饿。

66

3. 다음 대화의 빈칸을 채워 보세요.

A 你好！你_____什么_____？
안녕하세요! 당신 이름은 무엇입니까?

B 我_____丽丽。你呢？ ★Lìli 리리(인명)
제 이름은 리리입니다. 당신은요?

A 我_____玛丽。你_____美国人_____？ ★Mǎlì 마리(인명)
제 이름은 마리입니다. 당신은 미국인입니까?

B _____。我_____德国人。你呢？
아니요. 저는 독일인입니다. 당신은요?

A 我_____法国人。_____你很_____！
저는 프랑스인입니다. 당신을 알게 돼서 반갑습니다!

B _____你我_____很_____！
저도 당신을 알게 돼서 매우 반갑습니다!

4. 다음 단어를 활용하여 중국어로 작문해 보세요.

보기
❶ 有   ❷ 可爱   ❸ 喜欢

❶ _____

❷ _____

❸ _____

Talking Practice 대화 연습하기

5. 다음 질문에 대답해 보세요.

Q. 你家有几口人?

介绍家人。

예시
我家有四口人，爸爸、妈妈、妹妹和我。
Wǒ jiā yǒu sì kǒu rén, bàba、māma、mèimei hé wǒ.

我爸爸是公司职员。妈妈是家庭主妇。
Wǒ bàba shì gōngsī zhíyuán. Māma shì jiātíng zhǔfù.

他们都很忙。妹妹十二岁。她是学生。
Tāmen dōu hěn máng. Mèimei shí'èr suì. Tā shì xuésheng.

A.

介绍 jièshào 동 소개하다　　　和 hé 개 ~와　　　学生 xuésheng 명 학생
家人 jiārén 명 가족　　　家庭 jiātíng 명 가정
妹妹 mèimei 명 여동생　　　主妇 zhǔfù 명 주부

Reading Practice 읽기 연습하기

6. 다음 지문을 읽고 질문에 대답해 보세요.

大家好！
Dàjiā hǎo!

自我介绍一下儿。我叫小李，是中国人。
Zìwǒ jièshào yíxiàr. Wǒ jiào Xiǎo Lǐ, shì Zhōngguórén.

我家有四口人，爸爸、妈妈、一个哥哥和我。
Wǒ jiā yǒu sì kǒu rén, bàba、māma、yí ge gēge hé wǒ.

他们现在都在中国。
Tāmen xiànzài dōu zài Zhōngguó.

我在首尔工作，是汉语老师。
Wǒ zài Shǒu'ěr gōngzuò, shì Hànyǔ lǎoshī.

我喜欢聊天儿，喝咖啡，还喜欢看电视。
Wǒ xǐhuan liáotiānr, hē kāfēi, hái xǐhuan kàn diànshì.

1. 小李是哪国人?
   ① 韩国人　　② 美国人　　③ 中国人　　④ 德国人

2. 小李做什么工作?
   ① 学生　　② 老师　　③ 公司职员　　④ 妈妈

3. 小李不喜欢做什么?
   ① 聊天儿　　② 喝咖啡　　③ 看电视　　④ 看书

一下儿 yíxiàr 수량 좀 ~하다　　工作 gōngzuò 동 일하다　　电视 diànshì 명 TV, 텔레비전
现在 xiànzài 명 현재　　汉语 Hànyǔ 명 중국어　　咖啡 kāfēi 명 커피
在 zài 개 ~에서　　聊天儿 liáotiānr 동 잡담하다
首尔 Shǒu'ěr 고유 서울　　还 hái 부 게다가, 또

Lesson 06

多少钱?
Duōshao qián?

얼마예요?

학습 목표 | 중국 숫자 및 화폐 단위
능원동사(조동사) '想'과 '要'
'有点儿'과 '一点儿'

Warm-Up 새 단어

🎧 MP3-37

要 yào [조동] ~하려고 하다

想 xiǎng [조동] ~하고 싶다

玩儿 wánr [동] 놀다

门票 ménpiào [명] 입장권

多少钱 duōshao qián 얼마예요?

好像 hǎoxiàng [부] 아마 ~인 것 같다

万 wàn [수] 만, 10,000

元 yuán [양] 위안(중국 화폐 단위)

左右 zuǒyòu [명] 가량, 내외

有点儿 yǒudiǎnr [부] 조금, 약간

贵 guì [형] 비싸다

夜间 yèjiān [명] 야간

比较 bǐjiào [부] 비교적

便宜 piányi [형] 저렴하다, 싸다

而且 érqiě [접] 게다가

优惠券 yōuhuìquàn [명] 할인권, 쿠폰

真的 zhēn de 정말, 진짜로

那 nà [접] 그러면, 그렇다면

今晚 jīnwǎn [명] 오늘 밤

就 jiù [부] 곧, 바로

菜单 càidān [명] 메뉴, 식단

点 diǎn [동] 주문하다

来 lái [동] (어떤 동작, 행동을) 하다[구체적인 동사를 대신하여 사용함]

两 liǎng [수] 둘, 2

碗 wǎn [양] 그릇, 공기

个 ge [양] 개

请 qǐng [동] ~하세요, ~해 주세요

不要 búyào [부] ~하지 마라

放 fàng [동] 넣다, 타다

香菜 xiāngcài [명] 샹차이, 고수(풀)

一共 yígòng [부] 모두, 합계

块 kuài [양] 중국의 화폐 단위(=元에 해당)

乐天世界 Lètiān Shìjiè [고유] 롯데월드

牛肉面 niúròumiàn [명] 니우러우미엔(소고기 면), 우육면

糖醋里脊 tángcù lǐjǐ [명] 탕추리지(찹쌀 탕수육)

Step 1 회화 ①

 MP3 – 38

A 这个周末你要做什么？
Zhège zhōumò nǐ yào zuò shénme?

B 我想去乐天世界玩儿。
Wǒ xiǎng qù Lètiān Shìjiè wánr.

A 我也想去。门票多少钱，你知道吗？
Wǒ yě xiǎng qù. Ménpiào duōshao qián, nǐ zhīdào ma?

B 好像四万元左右。有点儿贵。
Hǎoxiàng sìwàn yuán zuǒyòu. Yǒudiǎnr guì.
夜间票比较便宜，而且我有优惠券。
Yèjiānpiào bǐjiào piányi, érqiě wǒ yǒu yōuhuìquàn.

A 真的？那我们今晚就去吧！
Zhēn de? Nà wǒmen jīnwǎn jiù qù ba!

A 이번 주말에 너 뭐 할 예정이니?

B 나 롯데월드에 놀러 가고 싶어.

A 나도 가고 싶은데. 입장권이 얼마인지, 너 알아?

B 아마 4만 원 정도일 거야. 조금 비싸.
야간 표는 비교적 저렴할 뿐 아니라, 내가 할인 쿠폰도 가지고 있어.

A 정말? 그럼 우리 오늘 저녁에 바로 가자!

회화 ②

🎧 MP3 – 39

(식당에서)

A 这是菜单。你们要点什么?
Zhè shì càidān. Nǐmen yào diǎn shénme?

B 部长，您点吧。
Bùzhǎng, nín diǎn ba.

C 来两碗牛肉面和一个糖醋里脊。
Lái liǎng wǎn niúròumiàn hé yí ge tángcù lǐjǐ.

请不要放香菜。
Qǐng búyào fàng xiāngcài.

(식사를 마친 후)

A 一共八十六块五。
Yígòng bāshí liù kuài wǔ.

(식당에서)

A 여기 메뉴판입니다.
무엇을 주문하시겠어요?

B 부장님, 주문하세요.

C 니우러우미엔 두 그릇이랑 탕추리지 하나 주세요.
샹차이는 빼 주세요.

(식사를 마친 후)

A 모두 86.5위안입니다.

Step 2 문법

1 중국 숫자 및 화폐 단위

(1) 중국 숫자

一 yī	二 èr (=两 liǎng)	三 sān	四 sì	五 wǔ
六 liù	七 qī	八 bā	九 jiǔ	十 shí

 ① 십의 단위는 '二'만 올 수 있고 백의 단위에서는 '二', '两' 모두 사용 가능하며, 천 단위 이상은 주로 '两'을 사용합니다. 단, 양사 앞에는 '两'만 사용합니다.
② 백 단위 이상은 단위 앞에 숫자 '一'를 붙여 '一百 yìbǎi', '一千 yìqiān', '一万 yíwàn', '一亿 yíyì'로 표기하며 변화된 성조에 주의하여 발음합니다.

(2) 화폐 단위

중국의 화폐 단위인 인민폐(人民币)는 서면어로 '元, 角, 分', 구어로는 '块, 毛, 分'을 써서 말합니다.

서면어	元 yuán	角 jiǎo	分 fēn
구어	块 kuài	毛 máo	分 fēn

 ① '角(毛)' 또는 '分'이 금액의 끝에 올 경우 생략이 가능합니다.
② 화폐 단위 앞의 숫자 '二'은 모두 '两'으로 발음합니다.
③ 화폐 단위인 '块, 毛, 分' 중 하나의 단위만 사용하였을 경우, 단위 뒤에 '钱'을 붙여 말하기도 합니다.

2 능원동사(조동사) '想'과 '要'

미래 시제로 '~하고 싶다', '~하려고 하다' 등 미래 상황에 대한 의지 또는 바람을 나타내며, 동사 앞에 접속하여 사용하는 것이 특징입니다.

[긍정문]   주어 + 想/要 + 동사
[부정문]   주어 + 不想 + 동사
[평서의문문] 주어 + 想/要 + 동사 + 吗?
[정반의문문] 주어 + 想不想/要不要 + 동사?

3 '有点儿'과 '一点儿'

'有点儿'은 '동사/형용사' 앞에 쓰여 말하는 사람의 의도가 약간의 불만족스러움을 나타내며, '一点儿'은 '동사/형용사' 뒤에 쓰여 수량이 적음을 나타냅니다.

★yìdiǎnr 조금

Step 3 패턴 연습

🎧 MP3-40

1
16.45元
170元
109元
→
shíliù kuài sìmáo wǔ(fēn)
yìbǎi qīshí kuài(=yìbǎi qī)
yìbǎi líng jiǔ(kuài)

2 你想/要 | 找工作 / 吃米饭 / 跑步 | 吗?
→
Nǐ xiǎng/yào zhǎo gōngzuò ma?
Nǐ xiǎng/yào chī mǐfàn ma?
Nǐ xiǎng/yào pǎobù ma?

3 这个有点儿 | 厚 / 短 / 旧 | 。
→
Zhège yǒudiǎnr hòu.
Zhège yǒudiǎnr duǎn.
Zhège yǒudiǎnr jiù.

보충단어

找 zhǎo 동 찾다, 구하다
工作 gōngzuò 명 직업, 일자리
米饭 mǐfàn 명 쌀밥
跑步 pǎobù 동 달리다
厚 hòu 형 두껍다
短 duǎn 형 짧다
旧 jiù 형 낡다, 오래되다

Final Step   연습 문제 & 간체자 쓰기

1. 녹음에서 들려주는 문장과 일치하는 사진을 보기에서 찾으세요. 🎧 MP3-41

A    B

C    D

❶ (   )   ❷ (   )   ❸ (   )   ❹ (   )

2. 다음 대화를 의미에 알맞게 연결하세요.

❶ 你要吃什么?　　·　　　　　·　三十五块。

❷ 不要看书。　　·　　　　　·　我要吃糖醋里脊。

❸ 那个多少钱?　　·　　　　　·　我不喜欢喝可乐。

❹ 你想喝可乐吗?　·　　　　　·　知道了。

3. 보기의 단어를 빈칸에 알맞게 넣어 주세요.

> 就　　一共　　不想　　碗

① (　　)多少钱?

② 我(　　)吃饭。

③ 来两(　　)牛肉面。

④ 我们今天(　　)去吧。

4. 다음 문장을 중국어로 작문해 보세요.

① 이건 얼마예요?

→ _____

② 58원입니다.

→ _____

③ 너 영화 보고 싶니?

→ _____

④ 이건 조금 비싸다.

→ _____

5. 다음 단어를 따라 써 보세요.

획순						钱钱钱钱钱钱钱钱钱钱
钱 qián 돈	钱 qián					

획순						贵贵贵贵贵贵贵贵贵
贵 guì 비싸다	贵 guì					

획순						就就就就就就就就就就就
就 jiù 곧, 바로	就 jiù					

획순						两两两两两两两
两 liǎng 둘, 이	两 liǎng					

획순						碗碗碗碗碗碗碗碗碗碗碗
碗 wǎn 그릇, 공기	碗 wǎn					

78

Warm-Down 플러스 단어

➕ **我想换人民币。** 인민폐로 바꾸고 싶어요. 🎧 MP3-42

韩币 hánbì	원화(KRW)	人民币 rénmínbì	인민폐(CNY)
美元 měiyuán	달러(USD)	港币 gǎngbì	홍콩 달러(HKD)
欧元 ōuyuán	유로(EUR)	台币 táibì	대만 달러(TWD)
日元 rìyuán	엔화(JPY)	英镑 yīngbàng	파운드(GBP)

Lesson 06 多少钱? 얼마예요?

Lesson 07

星期五见!
Xīngqīwǔ jiàn!
금요일에 만나요!

학습 목표 | 시간, 날짜, 요일 묻고 답하기
개사(=전치사) '跟'

Warm-Up 새 단어

🎧 MP3 - 43

- 听说 tīngshuō 동 ~라고 들었다
- 部 bù 양 편, 부(서적이나 영화를 세는 단위)
- 音乐剧 yīnyuèjù 명 뮤지컬
- 有意思 yǒu yìsi 형 재미있다, 흥미 있다
- 空儿 kòngr 명 (남아 있는) 시간, 짬, 여유
- 事儿 shìr 명 일, 사건
- 星期 xīngqī 명 요일
- 没问题 méi wèntí 문제없다
- 点 diǎn 양 시
- 在 zài 개 ~에서
- 站 zhàn 명 역, 정류장
- 不见不散 bújiàn búsàn 성 만날 때까지 기다린다

- 每天 měitiān 명 매일
- 起床 qǐchuáng 동 일어나다
- 那么 nàme 대 그렇게, 저렇게, 그런 저런(상태/방법/정도를 나타냄)
- 早 zǎo 형 (때가) 이르다, 빠르다
- 半 bàn 수 30분, 반
- 课 kè 명 수업
- 下个月 xià ge yuè 다음 달
- 跟 gēn 개 ~와(과)
- 经理 jīnglǐ 명 사장
- 出差 chūchāi 동 (외지로) 출장 가다
- 厉害 lìhai 형 대단하다, 굉장하다
- 江南 Jiāngnán 고유 강남

Lesson 07 星期五见! 금요일에 만나요!

Step 1 회화 ①

A 听说这部音乐剧很有意思。
Tīngshuō zhè bù yīnyuèjù hěn yǒu yìsi.

B 我也想看。明天你有空儿吗?
Wǒ yě xiǎng kàn. Míngtiān nǐ yǒu kòngr ma?

A 明天有事儿。星期五,怎么样?
Míngtiān yǒu shìr. Xīngqīwǔ, zěnmeyàng?

B 没问题,星期五几点?
Méi wèntí, xīngqīwǔ jǐ diǎn?

A 晚上六点在江南站见!
Wǎnshang liù diǎn zài Jiāngnán Zhàn jiàn!

B 好的,不见不散!
Hǎo de, bújiàn búsàn!

A 듣자 하니 이 뮤지컬 재미있다던데.

B 나도 보고 싶어. 내일 너 시간 있니?

A 내일은 일이 있고, 금요일은 어때?

B 좋아, 금요일 몇 시?

A 저녁 6시에 강남역에서 봐!

B 좋아, 만날 때까지 기다리자!

회화 ②

🎧 MP3 – 45

A 金代理，你每天几点起床?
Jīn dàilǐ, nǐ měitiān jǐ diǎn qǐchuáng?

B 我每天六点起床。
Wǒ měitiān liù diǎn qǐchuáng.

A 那么早?
Nàme zǎo?

B 早上六点半有汉语课。
Zǎoshang liù diǎn bàn yǒu Hànyǔ kè.

我下个月跟经理一起去中国出差。
Wǒ xià ge yuè gēn jīnglǐ yìqǐ qù Zhōngguó chūchāi.

A 你真厉害!
Nǐ zhēn lìhai!

A 김 대리, 매일 몇 시에 일어나?

B 나 매일 6시에 일어나지.

A 그렇게 일찍?

B 아침 6시 반에 중국어 수업이 있어.
나 다음 달에 사장님이랑 같이 중국 출장 가거든.

A 너 진짜 대단하다!

Lesson 07 星期五见! 금요일에 만나요! **83**

Step 2 문법

1. 시간, 날짜, 요일 묻고 답하기

(1) 시간

중국에서 시는 '点', 분은 '分'을 사용하여 나타냅니다.

Q. 现在几点?　　　　　A. 现在 _____ 点 _____ 分。
　　　　　　　　　　　　　　　　　　　　　　★ fēn 분

2:00	2:15	2:30	2:45	2:55
两点	两点十五分 = 两点一刻	两点三十分 = 两点半	两点四十五分 = 两点三刻	两点五十五分 = 差五分三点

★ kè 15분
★ xiǎoshí 시간
★ chà 부족하다, ~전

주의
① 시간의 양을 나타낼 때는 '一个小时'과 같이 양사 '个' 뒤에 '小时'를 접속하여 사용합니다.
② 2시는 '二点'이 아니라 '两点'이라고 표현합니다.

(2) 날짜, 요일

날짜와 요일을 물을 때는 '几'를 사용하며, 이때 '是'는 생략 가능합니다.

Q. 今天几月几号?　　　A. 今天 _____ 月 _____ 号。
　★ jīntiān 오늘　　　　　　　　　　　　　　　★ hào 일
Q. 明天星期几?　　　　A. 明天星期 _____ 。

년	2020年　èr líng èr líng nián					
월	一月	二月	三月	四月	五月	六月 …
일	一号	二号	三号	四号	五号	六号 …
요일	星期一	星期二	星期三	星期四	星期五	星期六　星期天(日)

주의
① 연도를 읽을 때는 숫자를 하나씩 끊어서 읽으면 됩니다.
② 날짜를 읽을 때는 숫자 뒤에 '日' 또는 '号'를 붙여 사용합니다.
③ 요일은 '星期' 뒤에 숫자를 붙입니다. 단, 일요일은 '星期七'라고 하지 않고 '星期天' 또는 '星期日'로 사용합니다.

2. 개사(=전치사) '跟'

'개사'란 술어 앞쪽에 위치하여 술어를 수식하는 부사어입니다. '跟'은 단독으로 쓰거나, '~와 같이'라는 의미로 '一起'와 함께 사용합니다.

주어 + [跟(대상)一起] + 동사 + 목적어

Step 3 패턴 연습

MP3 – 46

1 今天 / 昨天 / 你的生日 — 几月几号?
→ Jīntiān jǐ yuè jǐ hào?
   Zuótiān jǐ yuè jǐ hào?
   Nǐ de shēngrì jǐ yuè jǐ hào?

2 我每天六点 上课 / 上班 / 跳舞 。
→ Wǒ měitiān liù diǎn shàngkè.
   Wǒ měitiān liù diǎn shàngbān.
   Wǒ měitiān liù diǎn tiàowǔ.

3 我跟 孩子 / 男朋友 / 爱人 一起去旅游。
→ Wǒ gēn háizi yìqǐ qù lǚyóu.
   Wǒ gēn nánpéngyou yìqǐ qù lǚyóu.
   Wǒ gēn àiren yìqǐ qù lǚyóu.

보충단어

- 昨天 zuótiān 명 어제
- 生日 shēngrì 명 생일
- 上课 shàngkè 동 수업하다
- 上班 shàngbān 동 출근하다
- 跳舞 tiàowǔ 동 춤추다
- 孩子 háizi 명 아이
- 旅游 lǚyóu 동 여행하다, 관광하다
- 男 nán 남자, 남성
- 爱人 àiren 명 남편, 아내

Final Step 연습 문제 & 간체자 쓰기

1. 녹음에서 들려주는 문장과 일치하는 사진을 보기에서 찾으세요.

   A    B

   C    D

   ❶ (   )   ❷ (   )   ❸ (   )   ❹ (   )

2. 다음 대화를 의미에 알맞게 연결하세요.

   ❶ 今天星期几?　　・　　　　　・ 好的。

   ❷ 你每天几点回家?　・　　　　・ 星期六。

   ❸ 在电影院门口见吧!・　　　　・ 一般六点半左右。

   ❹ 今天星期五吗?　　・　　　　・ 不是，今天是星期六。

3. 보기의 단어를 빈칸에 알맞게 넣어 주세요.

> 跟   一起   旅游   差

❶ 星期六我们(　　)看电影，好吗?

❷ 我跟朋友去(　　)。

❸ (　　)五分七点回家。

❹ 我想(　　)你一起吃饭。

4. 다음 문장을 중국어로 작문해 보세요.

❶ 오늘은 몇 월 며칠이니?

→ _____

❷ 내일은 무슨 요일이니?

→ _____

❸ 지금 몇 시니?

→ _____

❹ 나는 친구랑 같이 여행 가.

→ _____

5. 다음 단어를 따라 써 보세요.

획순	旅旅旅旅旅旅旅旅旅 / 游游游游游游游游游游游
旅游 lǚyóu 여행하다	旅 游 lǚyóu

획순	星星星星星星星星 / 期期期期期期期期期
星期 xīngqī 요일	星 期 xīngqī

획순	跟跟跟跟跟跟跟跟跟跟跟跟跟
跟 gēn ~와	跟 gēn

획순	厉厉厉厉厉 / 害害害害害害害害害害
厉害 lìhai 대단하다	厉 害 lìhai

획순	号号号号号
号 hào 일	号 hào

Warm-Down 플러스 단어

➕ **你每天几点吃晚饭？** 당신은 매일 몇 시에 저녁을 먹어요? 🎧 MP3-48

起床 qǐchuáng 일어나다

吃早饭/午饭/晚饭
chī zǎofàn/wǔfàn/wǎnfàn
아침/점심/저녁을 먹다

上课/上班
shàngkè/shàngbān
수업하다/출근하다

开会 kāi huì 회의를 하다

下课/下班 xiàkè/xiàbān
수업이 끝나다/퇴근하다

回家 huí jiā 귀가하다

做运动 zuò yùndòng 운동하다

洗澡 xǐzǎo 목욕하다

睡觉 shuìjiào 잠자다

Lesson 08

怎么走?
Zěnme zǒu?
어떻게 가나요?

학습 목표 | 교통 수단, 길 찾기
동태조사, 어기조사 '了'
동태조사 '过'

Warm-Up 새 단어

MP3-49

- 过 guo [조] ~한 적이 있다
- 蛋挞 dàntà [명] 에그타르트
- 觉得 juéde [동] ~라고 생각하다
- 更 gèng [부] 더욱, 더, 한층
- …的时候 …de shíhou ~때
- 坐船 zuò chuán 배를 타다
- 离 lí [개] ~에서, ~으로부터
- 怕 pà [동] 무서워하다, 두려워하다
- 哈哈 hāhā [의성] 하하(웃음 소리)
- 请问 qǐngwèn [동] 말씀 좀 여쭙겠습니다
- 家 jiā [양] 집, 공장 등을 세는 단위
- 饭馆(儿) fànguǎn(r) [명] 식당
- 包子 bāozi [명] (소가 든) 찐빵, 빠오즈

- 有名 yǒumíng [형] 유명하다, 명성이 높다
- 对 duì [동] 옳다, 맞다
- 怎么 zěnme [대] 어떻게, 어째서, 왜
- 走 zǒu [동] 걷다, 가다
- 远 yuǎn [형] 멀다
- 先…然后… xiān…ránhòu… [접] 먼저 ~하고 그 다음에 ~하다
- 往前走 wǎng qián zǒu 앞으로 가다, 직진하다
- 十字路口 shízì lùkǒu [명] 사거리, 네거리
- 往右拐 wǎng yòu guǎi 오른쪽으로 돌다, 우회전하다
- 到 dào [동] 도달하다, 도착하다
- 香港 Xiānggǎng [고유] 홍콩
- 澳门 Àomén [고유] 마카오

Step 1 회화 ①

🎧 MP3 – 50

A 你吃过蛋挞吗?
Nǐ chīguo dàntà ma?

B 我在香港吃过。很好吃。
Wǒ zài Xiānggǎng chīguo. Hěn hǎochī.

A 我觉得澳门的更好吃。
Wǒ juéde Àomén de gèng hǎochī.

B 是吗? 我没去过澳门。
Shì ma? Wǒ méi qùguo Àomén.

A 去香港的时候没坐船去吗?
Qù Xiānggǎng de shíhou méi zuò chuán qù ma?

澳门离香港很近。
Àomén lí Xiānggǎng hěn jìn.

B 我怕坐船。哈哈。
Wǒ pà zuò chuán. Hāhā.

A 너 에그타르트 먹어 봤어?

B 나 홍콩에서 먹어 봤어. 정말 맛있어.

A 내 생각에는 마카오 것이 더 맛있어.

B 그래? 나 마카오 안 가 봤어.

A 홍콩 갔을 때 배 타고 안 갔어? 마카오는 홍콩에서 가까워.

B 나 배 타는 거 무서워해. 하하.

회화 ②

🎧 MP3 – 51

A 请问，你知道这家饭馆儿在哪儿吗？
Qǐngwèn, nǐ zhīdào zhè jiā fànguǎnr zài nǎr ma?

B 我知道，这家的包子非常有名。
Wǒ zhīdào, zhè jiā de bāozi fēicháng yǒumíng.

A 对，怎么走？
Duì, zěnme zǒu?

B 离这儿不远。先一直往前走，
Lí zhèr bù yuǎn. Xiān yìzhí wǎng qián zǒu,

然后在十字路口往右拐就到了。
ránhòu zài shízì lùkǒu wǎng yòu guǎi jiù dào le.

A 谢谢你。
Xièxie nǐ.

A 실례지만, 이 음식점이 어디에 있는지 아세요?

B 알아요, 여기 만두가 아주 유명하죠.

A 맞아요, 어떻게 가나요?

B 여기에서 멀지 않습니다. 우선 앞으로 쭉 가세요. 그 다음에 사거리에서 우회전하시면 됩니다.

A 감사합니다.

Step 2 문법

1 교통수단, 길 찾기

교통수단이나 길을 물어볼 때는 '수단' 또는 '방식'을 나타내는 의문대사 '怎么'를 사용합니다.

坐 zuò 타다	公共汽车 gōnggòng qìchē 버스	地铁 dìtiě 지하철	船 chuán 배
	飞机 fēijī 비행기	火车 huǒchē 기차	出租车 chūzūchē 택시
骑 qí 타다	自行车 zìxíngchē 자전거	摩托车 mótuōchē 오토바이	
	马 mǎ 말		

2 동태조사, 어기조사 '了'

동태조사 '了'는 일반적으로 동사 뒤에 쓰여 동작이 이미 완료되었음(과거)을 나타내며, '了'가 문장 끝에 오면 어기조사로 어떤 일이나 상황이 이미 발생했거나 변화되었음을 강조합니다. 부정문을 만들 때는 동사 앞에 '不'가 아닌 '没'를 사용해야 하며, 이때 '了'는 생략해야 합니다.

{ [긍정문] 주어 + 동사 + 了 + 목적어
　　　　　주어 + 동사 + 목적어 + 了
　[부정문] 주어 + 没 + 동사 + 목적어 }

주의 '了'는 형용사나 명사 뒤인 문장 끝에 쓰여 상황이 변화되었음을 나타내기도 합니다.

3 동태조사 '过'

동태조사 '过'는 동사 뒤에 쓰여 과거에 '~한 적 있다'라는 경험의 유무를 표현합니다. 부정문은 동사 앞에 '没'를 넣어 나타냅니다.

{ [긍정문] 주어 + 동사 + 过 + 목적어
　[부정문] 주어 + 没 + 동사 + 过 + 목적어 }

Step 3 패턴 연습

🎧 MP3 – 52

1 我 [坐地铁 / 坐飞机 / 坐出租车] 去。

➡ Wǒ zuò dìtiě qù.
Wǒ zuò fēijī qù.
Wǒ zuò chūzūchē qù.

2 我 [买手机 / 参加考试 / 踢足球] 了。

➡ Wǒ mǎi shǒujī le.
Wǒ cānjiā kǎoshì le.
Wǒ tī zúqiú le.

3 我没 [去过宾馆 / 唱过这首歌 / 养过狗和猫] 。

➡ Wǒ méi qùguo bīnguǎn.
Wǒ méi chàngguo zhè shǒu gē.
Wǒ méi yǎngguo gǒu hé māo.

보충단어

- 手机 shǒujī 명 휴대전화
- 参加 cānjiā 동 참가하다
- 考试 kǎoshì 명 시험
- 踢足球 tī zúqiú 축구를 하다
- 宾馆 bīnguǎn 명 호텔
- 唱歌 chàng gē 노래를 부르다
- 首 shǒu 양 노래, 시를 세는 단위
- 养 yǎng 동 기르다
- 狗 gǒu 명 개, 강아지
- 猫 māo 명 고양이

Lesson 08 怎么走? 어떻게 가나요? **95**

Final Step 연습 문제 & 간체자 쓰기

1. 녹음에서 들려주는 문장과 일치하는 사진을 보기에서 찾으세요. 🎧 MP3-53

   A  B

   C  D

   ❶ (   )   ❷ (   )   ❸ (   )   ❹ (   )

2. 다음 대화를 의미에 알맞게 연결하세요.

   ❶ 你每天怎么回家?   ·   · 一直往前走就好了。

   ❷ 你吃早饭了吗?   ·   · 没去过。

   ❸ 请问, 公园怎么走?   ·   · 我还没吃。

   ❹ 你去过上海吗?   ·   · 我坐公共汽车回家。

3. 보기의 단어를 빈칸에 알맞게 넣어 주세요.

   > 地铁   自行车   然后   十字路口

   ❶ 我坐(　　　)回家。

   ❷ 先吃饭, (　　　)看电影。

   ❸ 每天你骑(　　　)来吗?

   ❹ 在(　　　)往右拐。

4. 다음 문장을 중국어로 작문해 보세요.

   ❶ 중국에 가 본 적 있니?

   → _____

   ❷ 나는 아직 아침을 안 먹었다.

   → _____

   ❸ 나는 버스를 타고 출근한다.

   → _____

   ❹ 먼저 앞으로 가고, 그 다음에 오른쪽으로 방향을 바꾸세요.

   → _____

5. 다음 단어를 따라 써 보세요.

획순		更更更更更更更
更 gèng 더, 더욱	更 gèng	

획순		有ナ才有有有 / 夕夕夕名名名
有名 yǒumíng 유명하다	有 名 yǒumíng	

획순		炏炏炏炏炏炏炏然然然然 / 后后后后后后
然后 ránhòu 그런 후에	然 后 ránhòu	

획순		扌扌拐拐拐拐拐
拐 guǎi 방향을 바꾸다	拐 guǎi	

획순		乁飞飞 / 机机机机机机
飞机 fēijī 비행기	飞 机 fēijī	

Warm-Down 플러스 단어

你怎么去上班? 당신은 어떻게 출근하세요? MP3-54

机场巴士 jīchǎng bāshì 공항버스	路 lù (교통수단의) 노선
的士 dīshì 택시	号线 hào xiàn (지하철) 호선
公交车 gōngjiāochē 버스	交通卡 jiāotōngkǎ 교통카드
缆车 lǎnchē 케이블카, 리프트	车票 chēpiào 차표

Lesson 09

正在打折。
Zhèngzài dǎzhé.

세일 중이에요.

학습 목표 | '正在, 正, 在' 진행형
동태조사 '着'
동사중첩

Warm-Up 새 단어

🎧 MP3-55

- 在…(呢) zài…(ne) 틧 지금 ~하고 있다 (동작이나 행위가 진행 중임을 나타냄)
- 无聊 wúliáo 혱 따분하다, 심심하다
- 咖啡店 kāfēidiàn 명 카페
- 来 lái 동 오다
- 啊 a 조 문장 끝에 쓰여 긍정을 나타냄
- 好的 hǎo de 좋다, 됐어
- 等 děng 동 기다리다
- 着 zhe 조 ~을 하고 있는 중이다
- 百货商店 bǎihuò shāngdiàn 명 백화점

- 正在 zhèngzài 틧 지금 ~하고 있다(동작이나 행위가 진행 중임을 나타냄)
- 打折 dǎzhé 동 가격을 깎다, DC
- 下班 xiàbān 동 퇴근하다
- 以后 yǐhòu 명 이후, 금후
- 看看 kànkan 한번 보다
- 衣服 yīfu 명 옷, 의복
- 还是 háishi 접 또는, 아니면
- 减肥 jiǎnféi 동 살을 빼다, 체중을 줄이다

Lesson 09 正在打折。세일 중이에요. **101**

Step 1 회화 ①

A 你在做什么呢？我很无聊。
Nǐ zài zuò shénme ne? Wǒ hěn wúliáo.

B 我在咖啡店看书呢。想来吗？
Wǒ zài kāfēidiàn kàn shū ne. Xiǎng lái ma?

A 好啊！我也去看书。
Hǎo a! Wǒ yě qù kàn shū.

B 好的。我等着你。
Hǎo de. Wǒ děngzhe nǐ.

A 너 지금 뭐 해? 나 심심해.

B 나 카페에서 책 보고 있어. 올래?

A 좋아! 나도 가서 책 볼래.

B 알겠어. 기다리고 있을게.

회화 ②

🎧 MP3-57

A 小李，百货商店正在打折。
Xiǎo Lǐ, bǎihuò shāngdiàn zhèngzài dǎzhé.

下班以后，我们去看看吧。
Xiàbān yǐhòu, wǒmen qù kànkan ba.

B 太好了。我想买衣服。
Tài hǎo le. Wǒ xiǎng mǎi yīfu.

A 坐地铁还是公共汽车？
Zuò dìtiě háishi gōnggòng qìchē?

B 我在减肥呢。我们走着去吧。
Wǒ zài jiǎnféi ne. Wǒmen zǒuzhe qù ba.

A 샤오리, 백화점이 지금 세일 중이래.
퇴근하고 우리 한번 가 보자.

B 너무 잘 됐다. 나 옷 사고 싶었는데.

A 지하철 탈까 버스 탈까?

B 나 지금 다이어트 중이야. 우리 걸어서 가자.

Lesson 09 正在打折。세일 중이에요. **103**

Step 2 문법

1. 진행형 '正在, 正, 在'

동사 앞에 '正在', '正', '在'를 쓰고 문장 끝에 '呢'를 넣어 동작의 진행을 표현합니다. 과거, 현재, 미래 시제에 모두 사용이 가능합니다.

$$\left\{\begin{array}{l}正在\\正\\在\end{array}\right\} + 동사 + (呢)。$$

★ 경우에 따라 문장 끝에 '呢'는 생략 가능합니다.

2. 동태조사 '着'

동태조사 '着'는 동사 뒤에서 동작이나 상태가 지속되는 것을 나타내며, '没'로 부정합니다. 또한, '동사1 + 着 + 동사2'로 사용할 경우 '~하면서 ~하다'의 의미로 '동사1'이 '동사2'의 동작의 수단을 나타내기도 합니다.

[긍정문] 동사 + 着
[부정문] 没 + 동사 + 着

3. 동사중첩

동사를 중첩하면 동작을 '한번 시도해 보다' 또는 부드러운 말투로 '좀 ~하다'로 해석합니다.

[1음절 동사중첩] AA = A一A = A一下
  예) 看看 = 看一看 = 看一下
[2음절 동사중첩] ABAB
  예) 休息休息
   xiūxi 쉬다, 휴식하다

주의
① 부정문 또는 보어가 있는 문장, 진행을 나타내는 문장에서는 동사중첩을 사용하지 않습니다.
② 이합동사의 경우 동사만 중첩하여 'AAB' 형식으로 표현합니다.

Step 3 패턴 연습

🎧 MP3 - 58

1 我正在 [做作业 / 学习 / 打工] 呢。

→ Wǒ zhèngzài zuò zuòyè ne.
　Wǒ zhèngzài xuéxí ne.
　Wǒ zhèngzài dǎgōng ne.

2 他 [穿 / 拿 / 躺] 着皮鞋。/ 着手表。/ 着写汉字。

→ Tā chuānzhe píxié.
　Tā názhe shǒubiǎo.
　Tā tǎngzhe xiě Hànzì.

3 你 [等等 / 尝一尝 / 试一试] 吧。

→ Nǐ děngdeng ba.
　Nǐ cháng yi cháng ba.
　Nǐ shì yi shì ba.

보충단어

- 做作业 zuò zuòyè 숙제하다
- 学习 xuéxí 图 공부하다
- 打工 dǎgōng 图 아르바이트하다
- 穿 chuān 图 (옷, 신발 등을) 입다, 신다
- 皮鞋 píxié 명 가죽 구두
- 拿 ná 图 쥐다, 잡다
- 手表 shǒubiǎo 명 손목시계
- 躺 tǎng 图 눕다
- 写汉字 xiě Hànzì 한자를 쓰다
- 尝 cháng 图 맛보다
- 试 shì 图 시험삼아 해 보다

Lesson 09　正在打折。세일 중이에요. **105**

Final Step 연습 문제 & 간체자 쓰기

1. 녹음에서 들려주는 문장과 일치하는 사진을 보기에서 찾으세요. 🎧 MP3-59

A

B

C

D

❶ (　　　)　❷ (　　　)　❸ (　　　)　❹ (　　　)

2. 다음 대화를 의미에 알맞게 연결하세요.

❶ 你爸爸在做什么呢?　·　　　·　这样做不好，我喜欢坐着看书。

❷ 你喜欢躺着看书吗?　·　　　·　他穿着一条裤子。
　　　　　　　　　　　　　　　　★tiáo 가늘고 긴 것을 세는 단위

❸ 他穿着什么衣服?　·　　　·　昨晚六点我在睡觉。

❹ 昨晚六点你在做什么?　·　　　·　他在工作呢。

106

3. 보기의 단어를 빈칸에 알맞게 넣어 주세요.

> 呢　　在　　着　　还是

❶ 你喝咖啡(　　)可乐?

❷ 爸爸(　　)看报纸。

❸ 她穿(　　)皮鞋。

❹ 你在做什么(　　)?

4. 다음 문장을 중국어로 작문해 보세요.

❶ 너 뭐 하는 중이니?
　→ _____

❷ 나 공부하는 중이야.
　→ _____

❸ 엄마는 걸어서 출근한다.
　→ _____

❹ 아빠는 누워서 TV를 본다.
　→ _____

5. 다음 단어를 따라 써 보세요.

획순		无 元 无 无 / 聊 聊 聊 聊 聊 聊 聊 聊 聊 聊 聊
无聊 wúliáo 지루하다	无 聊 wúliáo	

획순		等 等 等 等 等 等 等 等 等 等 等 等
等 děng 기다리다	等 děng	

획순		着 着 着 着 着 着 着 着 着 着 着
着 zhe ~하고 있는 중이다	着 zhe	

획순		正 正 正 正 正 / 在 在 在 在 在 在
正在 zhèngzài 지금 ~하고 있다	正 在 zhèngzài	

획순		打 打 打 打 打 / 折 折 折 折 折 折 折
打折 dǎzhé 세일하다	打 折 dǎzhé	

Warm-Down 플러스 단어

+ 你喜欢去百货商店吗? 당신은 백화점 가는 거 좋아해요? 🎧 MP3-60

支付宝 Zhīfùbǎo 알리페이	买一赠一 mǎi yī zèng yī 하나 사면 하나 증정(1+1)
阿里巴巴 Ālǐ bābā 알리바바	密码 mìmǎ 비밀번호
银联卡 Yínliánkǎ 유니온페이 카드	签名 qiānmíng 사인, 서명
大减价 dà jiǎnjià 빅세일, 대할인	会员卡 huìyuánkǎ 멤버십 카드

Lesson 10

我会做菜。
Wǒ huì zuò cài.
나는 요리할 줄 알아요.

학습 목표 | 임박태 '快要…了'
능원동사(조동사) '会', '可以', '能'

Warm-Up 새 단어

🎧 MP3 - 61

- 快要…了 kuàiyào…le [부] 곧 ~하다
- 做菜 zuò cài 요리를 하다
- 会 huì [조동] (배워서) ~할 수 있다, ~을 할 줄 알다
- 一点儿 yìdiǎnr [수량] 조금
- 当然 dāngrán [부] 당연히, 물론
- 简单 jiǎndān [형] 간단하다, 단순하다
- 哇 wā [의성] 오!, 와우!
- 可以 kěyǐ [조동] ~해도 좋다, ~해도 된다
- 教 jiāo [동] 전수하다, 가르치다
- 能 néng [조동] ~할 수 있다
- 辣 là [형] 맵다
- 爱 ài [동] 애호하다, 좋아하다
- 还 hái [부] 게다가, 또
- 西红柿炒鸡蛋 xīhóngshì chǎo jīdàn [명] 토마토 달걀 볶음
- 麻辣香锅 málà xiāngguō [명] 마라샹궈(쓰촨 요리)
- 炒年糕 chǎoniángāo [명] 떡볶이

Lesson 10 我会做菜。 나는 요리할 줄 알아요.

Step 1 회화 ①

A 快要到我爱人的生日了。
Kuàiyào dào wǒ àiren de shēngrì le.

我想学做菜，你会做菜吗?
Wǒ xiǎng xué zuò cài, nǐ huì zuò cài ma?

B 会一点儿。我喜欢做中国菜。
Huì yìdiǎnr. Wǒ xǐhuan zuò Zhōngguócài.

A 那你会做西红柿炒鸡蛋吗?
Nà nǐ huì zuò xīhóngshì chǎo jīdàn ma?

B 当然，很简单。
Dāngrán, hěn jiǎndān.

A 哇，你真厉害。你可以教我做这个菜吗?
Wā, nǐ zhēn lìhai. Nǐ kěyǐ jiāo wǒ zuò zhège cài ma?

B 好，没问题。
Hǎo, méi wèntí.

A 곧 남편 생일이야. 나 요리를 배우고 싶은데, 너 요리할 줄 아니?

B 조금 할 줄 알아. 나 중국 요리하는 거 좋아해.

A 너 그러면 토마토 달걀 볶음 할 줄 알아?

B 당연하지, 간단해.

A 와, 너 진짜 대단하다. 너 나한테 이 음식 만드는 거 가르쳐 줄 수 있어?

B 그럼, 문제없어.

회화 ②

🎧 MP3-63

A 金代理，你能吃辣的吗？
Jīn dàilǐ, nǐ néng chī là de ma?

B 我能吃辣的。
Wǒ néng chī là de.

昨天还吃了麻辣香锅。你呢？
Zuótiān hái chīle málà xiāngguō. Nǐ ne?

A 我也爱吃辣的菜。
Wǒ yě ài chī là de cài.

听说我们公司旁边那家的炒年糕
Tīngshuō wǒmen gōngsī pángbiān nà jiā de chǎo niángāo

非常辣。今天一起去尝尝吧。
fēicháng là. Jīntiān yìqǐ qù chángchang ba.

A 김 대리, 매운 거 잘 먹어?

B 나 매운 거 먹을 수 있지.
어제도 마라샹궈 먹었어.
너는?

A 나도 매운 음식 먹는 거 좋아해.
듣자 하니 우리 회사 옆 저 가게 떡볶이가 굉장히 맵대. 오늘 같이 가서 한번 먹어 보자.

Lesson 10 我会做菜。나는 요리할 줄 알아요.

Step 2 문법

1. 임박태 '快要…了'

가까운 미래에 어떤 상황이 곧 발생함을 나타내는 문장으로 '要…了'를 써서 표현하며, 좀 더 긴박한 상황이 발생할 경우 '快要…了' 또는 '就要…了'를 사용합니다. 보통 구체적인 시간사와 함께 사용하지 않는 것이 특징이나 '就要…了' 앞에는 시간명사를 사용할 수 있습니다.

$$\left\{ \begin{array}{l} 要 \ \text{yào} \\ 快要 \ \text{kuàiyào} \\ 就要 \ \text{jiùyào} \end{array} \right\} \cdots 了 \ \text{le}$$

2. 능원동사(조동사) '会', '可以', '能'

능원동사(조동사)란 동사 앞에 쓰여 동작의 가능, 바람, 능력, 허가 등을 나타냅니다. '~할 줄 알다', '~해도 좋다', '~할 수 있다' 등 의미에 따라 '会', '可以', '能'을 사용하며, '可以'의 부정은 상황에 따라 '不能', '不可以'를 사용합니다.

会 huì ~할 줄 알다	可以 kěyǐ ~해도 좋다	能 néng ~할 수 있다
배움/학습을 통해 어떤 것을 습득하여 할 수 있게 됨.	허락이나 허가를 구한 후, 어떤 일의 진행이 가능함을 나타냄.	여러 가지 상황이 가능하거나, 능력을 갖추어서 할 수 있게 됨.
↔ 不会	↔ 不能 / 不可以	↔ 不能

주의 강한 추측을 나타내는 '会…(的)'는 '분명 ~일 것이다'라는 의미입니다.

Step 3 패턴 연습

🎧 MP3 - 64

1 你会 [游泳 / 上网 / 开车] 吗?

→ Nǐ huì yóuyǒng ma?
Nǐ huì shàngwǎng ma?
Nǐ huì kāichē ma?

2 这儿不可以 [抽烟 / 照相 / 说话]。

→ Zhèr bù kěyǐ chōu yān.
Zhèr bù kěyǐ zhàoxiàng.
Zhèr bù kěyǐ shuōhuà.

3 快要 [下课 / 关门 / 下雨] 了。

→ Kuàiyào xiàkè le.
Kuàiyào guānmén le.
Kuàiyào xià yǔ le.

보충단어

游泳 yóuyǒng 동 수영하다
上网 shàngwǎng 동 인터넷을 하다
开车 kāichē 동 운전하다

抽烟 chōu yān 흡연하다
照相 zhàoxiàng 동 사진을 찍다
说话 shuōhuà 동 이야기하다

下课 xiàkè 동 수업이 끝나다
关门 guānmén 동 문을 닫다
下雨 xià yǔ 비가 내리다

Lesson 10 我会做菜。 나는 요리할 줄 알아요.

Final Step 연습 문제 & 간체자 쓰기

1. 녹음에서 들려주는 문장과 일치하는 사진을 보기에서 찾으세요. 🎧 MP3-65

A

B

C

D

❶ (　　　)　❷ (　　　)　❸ (　　　)　❹ (　　　)

2. 다음 대화를 의미에 알맞게 연결하세요.

❶ 你会不会开车?　　　·　　　　　　　·　炒年糕太辣了, 我不喜欢。

❷ 我喜欢吃炒年糕, 你呢?　·　　　　　·　当然可以。

❸ 今晚会不会下雨?　　·　　　　　　　·　我会开车。

❹ 我可以看你的书吗?　·　　　　　　　·　不会下雨的。

116

3. 보기의 단어를 빈칸에 알맞게 넣어 주세요.

> 快要   会   可以   辣的

❶ (　　　)下课了。

❷ 我不能吃(　　　)。

❸ 这儿(　　　)照相吗?

❹ 你(　　　)做中国菜吗?

4. 다음 문장을 중국어로 작문해 보세요.

❶ 너는 중국어 할 줄 아니?

→ _____

❷ 조금 할 줄 알아.

→ _____

❸ 너는 매운 거 잘 먹어?

→ _____

❹ 나 매운 거 굉장히 좋아해.

→ _____

5. 다음 단어를 따라 써 보세요.

획순		
鸡蛋 jīdàn 계란	鸡鸡鸡鸡鸡鸡鸡 / 蛋蛋蛋蛋蛋蛋蛋蛋蛋蛋蛋 鸡 蛋 jīdàn	

획순		
当然 dāngrán 물론	当当当当当当 / 然然然然然然然然然然然然 当 然 dāngrán	

획순		
简单 jiǎndān 간단하다	简简简简简简简简简简简简 / 单单单单单单单单 简 单 jiǎndān	

획순		
可以 kěyǐ ~해도 좋다	可可可可可 / 以以以以 可 以 kěyǐ	

획순		
辣 là 맵다	辣辣辣辣辣辣辣辣辣辣辣辣辣 辣 là	

118

Warm-Down 플러스 단어

➕ 你能吃辣的吗? 당신은 매운 거 잘 먹어요? 🎧 MP3-66

酸 suān 시다   咸 xián 짜다

甜 tián 달다   淡 dàn 담백하다

苦 kǔ 쓰다   油腻 yóunì 기름지다

辣 là 맵다   酸甜 suāntián 새콤달콤하다

Lesson 10 我会做菜。 나는 요리할 줄 알아요.

복습하기 Lesson 06~10

학습 목표 | 06~10과에서 배운 단어와 회화 표현을 확인하고 복습합니다.

Review the Pattern 패턴 복습하기

 한국어 문장을 보면서 중국어 문장을 들어 보세요. 🎧 MP3-67

1. 입장권은 얼마예요?

2. 나는 영화를 보고 싶다.

3. 나는 매일 6시에 일어난다.

4. 나는 상하이에 가 본 적이 없다.

5. 나는 지하철을 타고 간다.

6. 먼저 앞으로 가고, 그 다음에 오른쪽으로 꺾으세요.

7. 너 아침 먹었니?

8. 나는 아침을 안 먹었어.

9. 나는 수업 중이야.

10. 너는 요리할 줄 아니?

중국어 문장을 들으면서 따라 읽어 보세요. 🎧 MP3-68

		1회	2회	3회
1.	门票多少钱?	☐	☐	☐
2.	我想看电影。	☐	☐	☐
3.	我每天六点起床。	☐	☐	☐
4.	我没去过上海。	☐	☐	☐
5.	我坐地铁去。	☐	☐	☐
6.	先往前走，然后往右拐。	☐	☐	☐
7.	你吃早饭了吗?	☐	☐	☐
8.	我没吃早饭。	☐	☐	☐
9.	我正在上课。	☐	☐	☐
10.	你会做菜吗?	☐	☐	☐

Exercise 연습 문제

1. 녹음을 들으며 한어병음에 알맞은 한자와 뜻을 연결해 보세요. 🎧 MP3-69

❶ shízì lùkǒu ・　　・ 星期五　・　　・ 요리하다

❷ fēijī ・　　・ 做菜　・　　・ 흡연하다

❸ yìqǐ ・　　・ 十字路口　・　　・ 금요일

❹ dìtiě ・　　・ 抽烟　・　　・ 비행기

❺ zuò cài ・　　・ 打折　・　　・ 사거리

❻ chōu yān ・　　・ 一起　・　　・ 지하철

❼ xīngqīwǔ ・　　・ 飞机　・　　・ 세일하다

❽ dǎzhé ・　　・ 地铁　・　　・ 같이

2. 의미가 통하도록 대화문을 연결해 보세요.

❶ 你几点回家? ・　　・ 我也想看。

❷ 我想看音乐剧。・　　・ 没去过。

❸ 他正在做什么? ・　　・ 晚上八点。

❹ 你去过香港吗? ・　　・ 他正在看书呢。

3. 다음 대화의 빈칸을 채워 보세요.

A 你_____上海吗?
당신 상하이에 가 본 적이 있나요?

B _____去过。你_____?
가 본 적 없어요. 당신은요?

A 去过。上海的夜景真美。
가 본 적 있어요. 상하이의 야경은 정말 아름다워요.

B 我_____去。
나도 가고 싶어요.

A 你在_____?
당신은 무엇을 하고 있나요?

B 我_____订票。
나는 표를 예매하고 있어요.
★ dìng piào (차, 선박 등의) 표를 예매하다

4. 다음 단어를 활용하여 중국어로 작문해 보세요.

> 보기
> ❶ 会   ❷ 离   ❸ 正在

❶ _____

❷ _____

❸ _____

Talking Practice 대화 연습하기

5. 다음 질문에 대답해 보세요.

Q. 你常常坐地铁吗?
用什么交通工具?

> 예시
> 我每天坐地铁上下班。
> Wǒ měitiān zuò dìtiě shàngxiàbān.
>
> 我家附近有二号线地铁站。
> Wǒ jiā fùjìn yǒu èr hào xiàn dìtiě zhàn.
>
> 坐地铁又方便，又便宜。我非常喜欢坐地铁。
> Zuò dìtiě yòu fāngbiàn, yòu piányi. Wǒ fēicháng xǐhuan zuò dìtiě.

A.

常常 chángcháng 〔부〕 자주, 항상
用 yòng 〔동〕 사용하다
交通 jiāotōng 〔명〕 교통
工具 gōngjù 〔명〕 수단, 도구

附近 fùjìn 〔명〕 근처
号线 hào xiàn (지하철) 호선
又…又… yòu… yòu… ~하기도 하고 ~하기도 하다
方便 fāngbiàn 〔형〕 편리하다

Reading Practice 읽기 연습하기

6. 다음 지문을 읽고 질문에 대답해 보세요.

> 星期六我跟中国朋友一起去乐天世界玩儿了。
> Xīngqīliù wǒ gēn Zhōngguó péngyou yìqǐ qù Lètiān Shìjiè wánr le.
>
> 她没去过乐天世界。所以她非常高兴。
> Tā méi qùguo Lètiān Shìjiè. Suǒyǐ tā fēicháng gāoxìng.
>
> 晚上我们吃汉堡包了。
> Wǎnshang wǒmen chī hànbǎobāo le.
>
> 乐天世界的汉堡包真好吃。
> Lètiān Shìjiè de hànbǎobāo zhēn hǎochī.
>
> 回家到已经晚上十二点半了，妈妈在睡觉呢。
> Huí jiā dào yǐjīng wǎnshang shí'èr diǎn bàn le, māma zài shuìjiào ne.

1. 他们去哪儿了？

　① 星期六　② 乐天世界　③ 家　④ 十二点半

2. 他们吃什么了？

　① 晚上　② 高兴　③ 汉堡包　④ 乐天世界

3. 回家的时候，妈妈在做什么呢？

　① 喝咖啡　② 吃汉堡包　③ 去乐天世界　④ 睡觉

汉堡包 hànbǎobāo 몡 햄버거　　已经 yǐjīng 띈 이미　　睡觉 shuìjiào 동 잠자다

모범 답안, 찾아보기

| 모범 답안 | 130 |
| 찾아보기 | 134 |

모범 답안

Lesson 01

1. ① f
   ② l
   ③ j
   ④ x

2. ① ni   ② hao
   ③ ze   ④ sheng
   ⑤ shi   ⑥ jiang
   ⑦ gao   ⑧ xing

3. ① zuǐ
   ② liù
   ③ xián
   ④ guān

4. ① nǐ hǎo
   ② zàijiàn
   ③ xièxie
   ④ jìxù

Lesson 02

1. ① B – 早上好！
   ② C – 再见！
   ③ A – 老师好！
   ④ D – 谢谢！

2. ① 你们好！
   ② 明天见！
   ③ 没关系。
   ④ 不客气。

3. ① 认识
   ② 也
   ③ 见
   ④ 们

4. ① 谢谢。
   ② 不客气。
   ③ 对不起。
   ④ 没关系。

Lesson 03

1. ① A – 我很累。
   ② D – 北京很近。
   ③ B – 她非常可爱。
   ④ C – 我们很热。

2. ① 我不太好。
   ② 她很漂亮。
   ③ 我们都很饿。
   ④ 我不忙。

3. ① 最近
   ② 也
   ③ 可爱
   ④ 非常

4. ① 你饿不饿？
   ② 我不饿。你呢？
   ③ 我非常忙。
   ④ 我不太忙。

Lesson 04

1. ① D – 我是公司职员。
   ② A – 我非常喜欢喝可乐。
   ③ B – 我们是韩国人。
   ④ C – 你吃什么？

2. ① 她不喝可乐。
   ② 对不起，我很忙。
   ③ 他们不是韩国人。
   ④ 我是老师。

3. ① 什么
   ② 喝
   ③ 是不是
   ④ 喜欢

4. ① 你叫什么名字?
   ② 你是大学生吗?
   ③ 那(个)是什么?
   ④ 我喜欢看电影。

Lesson 05

1. ① A - 我没有弟弟。
   ② C - 我们骑车，怎么样?
   ③ D - 这是我妈妈做的。
   ④ B - 这是你的电脑吗?

2. ① 在你的桌子上边。
   ② 不是，这是我做的。
   ③ 我没有书。
   ④ 我太忙了，没有时间。

3. ① 旁边
   ② 房间
   ③ 在
   ④ 没有

4. ① 我家有四口人。
   ② 你有女朋友吗?
   ③ 这(个)是谁的自行车?
   ④ 那(个)是我的。

복습과 01~05

1. ① rènshi 认识 알다
   ② è 饿 배고프다
   ③ méiyǒu 没有 없다
   ④ zài 在 ~에 있다
   ⑤ nǐmen 你们 너희들
   ⑥ lǎoshī 老师 선생님
   ⑦ wǒ 我 나
   ⑧ míngzi 名字 이름

2. ① 没有。
   ② 好，我喜欢看电影。
   ③ 我也很饿。
   ④ 我不太累。

3. A: 你好！你叫什么名字?
   B: 我叫丽丽。你呢?
   A: 我叫玛丽。你是美国人吗?
   B: 不是。我是德国人。你呢?
   A: 我是法国人。认识你很高兴！
   B: 认识你我也很高兴！

4. ① 我有中国朋友。
   ② 她很可爱。
   ③ 他喜欢听音乐。

5. 교재 예시답안 참고

6. ① 3번
   ② 2번
   ③ 4번

Lesson 06

1. ① C - 我不想学习。
   ② B - 一共多少钱?
   ③ D - 我要看电影。
   ④ A - 你们要点什么?

2. ① 我想吃糖醋里脊。
   ② 知道了。
   ③ 三十五块。
   ④ 我不喜欢喝可乐。

3. ① 一共
   ② 不想

모범 답안

③ 碗
④ 就

4. ① 这个多少钱?
   ② 五十八块(钱)。
   ③ 你想看电影吗?
   ④ 这(个)有点儿贵。

Lesson 07

1. ① B – 今天星期六。
   ② C – 现在两点一刻。
   ③ A – 你的生日几月几号?
   ④ D – 你每天几点起床?

2. ① 星期六
   ② 我每天七点回家。
   ③ 好的。
   ④ 不是,今天是星期六。

3. ① 一起
   ② 旅游
   ③ 差
   ④ 跟

4. ① 今天几月几号?
   ② 明天(是)星期几?
   ③ 现在几点?
   ④ 我跟朋友一起去旅游。

Lesson 08

1. ① C – 你坐公共汽车去吗?
   ② A – 我买飞机票了。
   ③ D – 我坐地铁上班。
   ④ B – 一直往前走就到了。

2. ① 我坐公共汽车回家。
   ② 我还没吃。
   ③ 一直往前走就好了。
   ④ 没去过。

3. ① 地铁
   ② 然后
   ③ 自行车
   ④ 十字路口

4. ① 你去过中国吗?
   ② 我还没吃早饭。
   ③ 我坐公共汽车上班。
   ④ 先往前走,然后往右拐。

Lesson 09

1. ① A – 那儿正在打折。
   ② D – 我们走着去公园。
   ③ B – 我在喝咖啡呢。
   ④ C – 我想去百货商店。

2. ① 他在工作呢。
   ② 这样做不好,我喜欢坐着看书。
   ③ 他穿着一条裤子。
   ④ 昨晚六点我在睡觉。

3. ① 还是
   ② 在
   ③ 着
   ④ 呢

4. ① 你在做什么(呢)?
   ② 我在学习(呢)。
   ③ 妈妈走着上班。
   ④ 爸爸躺着看电视。

Lesson 10

1. ① D – 快要下雨了。
   ② A – 我能吃辣的。
   ③ B – 对不起，这儿不可以抽烟。
   ④ C – 你可以照相吗?

2. ① 我会开车。
   ② 炒年糕太辣了，我不喜欢。
   ③ 不会下雨的。
   ④ 当然可以。

3. ① 快要
   ② 辣的
   ③ 可以
   ④ 会

4. ① 你会说汉语吗?
   ② 会一点儿。
   ③ 你能吃辣的吗?
   ④ 我非常喜欢辣的。

A: 去过。上海的夜景真美。
B: 我也想去。
A: 你在做什么(呢)?
B: 我在订票。

4. ① 我不会开车。
   ② 学校离我家不远。
   ③ 我正在减肥。

5. 교재 예시 답안 참고

6. ① 2번
   ② 3번
   ③ 4번

복습과 06~10

1. ① shízì lùkǒu 十字路口 사거리
   ② fēijī 飞机 비행기
   ③ yìqǐ 一起 함께
   ④ dìtiě 地铁 지하철
   ⑤ zuò cài 做菜 요리하다
   ⑥ chōu yān 抽烟 흡연하다
   ⑦ xīngqīwǔ 星期五 금요일
   ⑧ dǎzhé 打折 세일하다

2. ① 晚上八点。
   ② 我也想看。
   ③ 他正在看书呢。
   ④ 没去过。

3. A: 你去过上海吗?
   B: 没去过。你呢?

찾아보기

A

- 阿里巴巴 Ālǐ bābā — 109
- 啊 a — 101
- 矮 ǎi — 41
- 爱 ài — 111
- 爱人 àiren — 85
- 澳门 Àomén — 91

B

- 八 bā — 21, 74
- 爸爸 bàba — 31
- 吧 ba — 43
- 白色 báisè — 61
- 百 bǎi — 74
- 百货商店 bǎihuò shāngdiàn — 101
- 半 bàn — 81
- 包子 bāozi — 91
- 报纸 bàozhǐ — 57
- 杯子 bēizi — 57
- 北京 Běijīng — 37
- 比较 bǐjiào — 71
- 宾馆 bīnguǎn — 95
- 不 bù — 33
- 不见不散 bújiàn búsàn — 81
- 不客气 bú kèqi — 23
- 不太 bú tài — 33, 36
- 不要 búyào — 71
- 不知道 bù zhīdào — 53
- 部 bù — 81
- 部长 bùzhǎng — 33

C

- 菜单 càidān — 71
- 参加 cānjiā — 95
- 差 chà — 84
- 长 cháng — 41
- 尝 cháng — 105
- 常常 chángcháng — 126
- 唱歌 chàng gē — 95
- 炒年糕 chǎoniángāo — 111
- 车票 chēpiào — 99
- 吃 chī — 47
- 吃午饭 chī wǔfàn — 89
- 吃晚饭 chī wǎnfàn — 89
- 吃早饭 chī zǎofàn — 89
- 抽烟 chōu yān — 115
- 出差 chūchāi — 81
- 出租车 chūzūchē — 94
- 穿 chuān — 105
- 船 chuán — 94

D

- 打电话 dǎ diànhuà — 47
- 打工 dǎgōng — 105
- 打折 dǎzhé — 101
- 大 dà — 37, 41, 53
- 大家 dàjiā — 27
- 大减价 dà jiǎnjià — 109
- 大学生 dàxuéshēng — 47
- 代理 dàilǐ — 33
- 淡 dàn — 119
- 蛋挞 dàntà — 91

- ☐ 当然 dāngrán ... 111
- ☐ 到 dào ... 91
- ☐ 德国 Déguó ... 51
- ☐ 的 de ... 53
- ☐ …的时候 …de shíhou ... 91
- ☐ 等 děng ... 101
- ☐ 的士 dīshì ... 99
- ☐ 地铁 dìtiě ... 94
- ☐ 弟弟 dìdi ... 31
- ☐ 点 diǎn ... 71, 81
- ☐ 电脑 diànnǎo ... 57
- ☐ 电视 diànshì ... 69
- ☐ 电影 diànyǐng ... 43
- ☐ 订票 dìng piào ... 125
- ☐ 都 dōu ... 33
- ☐ 短 duǎn ... 41, 75
- ☐ 对 duì ... 91
- ☐ 对不起 duìbuqǐ ... 23
- ☐ 对面 duìmiàn ... 56
- ☐ 多 duō ... 41, 53
- ☐ 多少钱 duōshao qián ... 71

E

- ☐ 俄罗斯 Éluósī ... 51
- ☐ 饿 è ... 33
- ☐ 儿子 érzi ... 57
- ☐ 而且 érqiě ... 71
- ☐ 二 èr ... 21, 74

F

- ☐ 法国 Fǎguó ... 51
- ☐ 饭馆(儿) fànguǎn(r) ... 91
- ☐ 方便 fāngbiàn ... 126
- ☐ 房间 fángjiān ... 57
- ☐ 放 fàng ... 71
- ☐ 飞机 fēijī ... 94
- ☐ 非常 fēicháng ... 33, 36
- ☐ 分 fēn ... 74, 84
- ☐ 附近 fùjìn ... 56, 126

G

- ☐ 港币 gǎngbì ... 79
- ☐ 高 gāo ... 41
- ☐ 高兴 gāoxìng ... 23
- ☐ 哥哥 gēge ... 31, 53
- ☐ 个 ge ... 71
- ☐ 跟 gēn ... 81
- ☐ 更 gèng ... 91
- ☐ 工具 gōngjù ... 126
- ☐ 工作 gōngzuò ... 69, 75
- ☐ 公共汽车 gōnggòng qìchē ... 94
- ☐ 公交车 gōngjiāochē ... 99
- ☐ 公司职员 gōngsī zhíyuán ... 47
- ☐ 狗 gǒu ... 95
- ☐ 关门 guānmén ... 115
- ☐ 贵 guì ... 41, 71
- ☐ 果汁 guǒzhī ... 43
- ☐ 过 guo ... 91

H

- ☐ 哈哈 hāhā ... 91

찾아보기

☐ 还 hái — 69, 111	☐ 家庭 jiātíng — 68
☐ 还是 háishi — 101	☐ 减肥 jiǎnféi — 101
☐ 孩子 háizi — 85	☐ 简单 jiǎndān — 111
☐ 韩币 hánbì — 79	☐ 江南 Jiāngnán — 81
☐ 韩国 Hánguó — 43	☐ 交通 jiāotōng — 126
☐ 汉堡包 hànbǎobāo — 127	☐ 交通卡 jiāotōngkǎ — 99
☐ 汉语 Hànyǔ — 69	☐ 教 jiāo — 111
☐ 好 hǎo — 23	☐ 角 jiǎo — 74
☐ 好吃 hǎochī — 37	☐ 叫 jiào — 43
☐ 好的 hǎo de — 101	☐ 姐姐 jiějie — 31
☐ 好像 hǎoxiàng — 71	☐ 介绍 jièshào — 68
☐ 号 hào — 84	☐ 今年 jīnnián — 53
☐ 号线 hào xiàn — 99, 126	☐ 今天 jīntiān — 85
☐ 喝 hē — 43	☐ 今晚 jīnwǎn — 71
☐ 和 hé — 68	☐ 金 Jīn — 33
☐ 黑色 hēisè — 61	☐ 近 jìn — 37, 41
☐ 很 hěn — 23, 36	☐ 经理 jīnglǐ — 81
☐ 红色 hóngsè — 61	☐ 九 jiǔ — 21, 74
☐ 后边 hòubian — 56	☐ 旧 jiù — 75
☐ 厚 hòu — 75	☐ 就 jiù — 71
☐ 黄色 huángsè — 61	☐ 觉得 juéde — 91
☐ 回家 huí jiā — 47, 89	
☐ 会 huì — 111	
☐ 会员卡 huìyuánkǎ — 109	
☐ 火车 huǒchē — 94	

J

☐ 机场巴士 jīchǎng bāshì — 99	
☐ 几 jǐ — 53	
☐ 加拿大 Jiānádà — 51	
☐ 家 jiā — 53, 91	
☐ 家人 jiārén — 68	

K

☐ 咖啡 kāfēi — 69
☐ 咖啡店 kāfēidiàn — 101
☐ 开车 kāichē — 115
☐ 开会 kāi huì — 89
☐ 看 kàn — 43
☐ 看看 kànkan — 101
☐ 考试 kǎoshì — 95
☐ 可爱 kě'ài — 37
☐ 可乐 kělè — 43

☐ 可以 kěyǐ	111
☐ 刻 kè	84
☐ 课 kè	81
☐ 空儿 kòngr	81
☐ 口 kǒu	53
☐ 苦 kǔ	119
☐ 裤子 kùzi	61
☐ 块 kuài	71, 74
☐ 快 kuài	41
☐ 快要…了 kuàiyào…le	111

L

☐ 辣 là	111, 119
☐ 来 lái	71, 101
☐ 蓝色 lánsè	61
☐ 缆车 lǎnchē	99
☐ 老师 lǎoshī	23
☐ 乐天世界 Lètiān Shìjiè	71
☐ 了 le	94
☐ 累 lèi	37
☐ 冷 lěng	41
☐ 离 lí	91
☐ 李 Lǐ	33
☐ 里边 lǐbian	56
☐ 厉害 lìhai	81
☐ 两 liǎng	71, 74
☐ 聊天儿 liáotiānr	69
☐ 零 líng	21
☐ 六 liù	21, 74
☐ 路 lù	99
☐ 旅游 lǚyóu	85
☐ 绿色 lǜsè	61

M

☐ 妈妈 māma	31
☐ 麻辣香锅 málà xiāngguō	111
☐ 马 mǎ	94
☐ 吗 ma	33
☐ 买 mǎi	43
☐ 买一赠一 mǎi yī zèng yī	109
☐ 卖 mài	57
☐ 慢 màn	41
☐ 忙 máng	33
☐ 猫 māo	95
☐ 毛 máo	74
☐ 帽子 màozi	61
☐ 没关系 méi guānxi	23
☐ 没问题 méi wèntí	81
☐ 没(有) méi(yǒu)	53
☐ 每天 měitiān	81
☐ 美国 Měiguó	51
☐ 美元 měiyuán	79
☐ 妹妹 mèimei	31, 68
☐ 门口 ménkǒu	27
☐ 门票 ménpiào	71
☐ 们 men	23
☐ 米饭 mǐfàn	75
☐ 密码 mìmǎ	109
☐ 面包 miànbāo	57
☐ 名字 míngzi	43
☐ 明天 míngtiān	27
☐ 摩托车 mótuōchē	94

N

☐ 拿 ná	105

찾아보기

☐ 哪儿 nǎr	46
☐ 哪个 nǎ ge	46
☐ 哪个人 nǎ ge rén	46
☐ 那 nà	71
☐ 那(个) nà(ge)	43, 46
☐ 那个人 nàge rén	46
☐ 那么 nàme	81
☐ 奶奶 nǎinai	31
☐ 男 nán	85
☐ 呢 ne	33
☐ 能 néng	111
☐ 你 nǐ	23, 26
☐ 你们 nǐmen	26
☐ 年 nián	84
☐ 您 nín	26
☐ 牛肉面 niúròumiàn	71
☐ 女儿 nǚ'ér	57
☐ 女朋友 nǚpéngyǒu	53

O

☐ 欧元 ōuyuán	79

P

☐ 怕 pà	91
☐ 旁边 pángbiān	56
☐ 胖 pàng	41
☐ 跑步 pǎobù	75
☐ 皮鞋 píxié	61, 105
☐ 便宜 piányi	41, 71
☐ 漂亮 piàoliang	37
☐ 苹果 píngguǒ	37

Q

☐ 七 qī	21, 74
☐ 骑 qí	94
☐ 骑车 qí chē	53
☐ 起床 qǐchuáng	81, 89
☐ 千 qiān	74
☐ 签名 qiānmíng	109
☐ 前边 qiánbian	56
☐ 请 qǐng	71
☐ 请问 qǐngwèn	91
☐ 去 qù	43
☐ 裙子 qúnzi	61

R

☐ 热 rè	37, 41
☐ 人 rén	43
☐ 人民币 rénmínbì	79
☐ 认识 rènshi	23
☐ 日本 Rìběn	51
☐ 日元 rìyuán	79

S

☐ 三 sān	21, 74
☐ 上 shang	53
☐ 上班 shàngbān	85, 89
☐ 上边 shàngbian	56

138

- 上课 shàngkè ... 85, 89
- 上网 shàngwǎng ... 115
- 上午 shàngwǔ ... 26
- 少 shǎo ... 41
- 谁 shéi ... 46
- 什么 shénme ... 43, 46
- 什么时候 shénme shíhou ... 46
- 生日 shēngrì ... 85
- 十 shí ... 21, 74
- 十字路口 shízì lùkǒu ... 91
- 时间 shíjiān ... 57
- 事儿 shìr ... 81
- 试 shì ... 105
- 是 shì ... 43
- 手表 shǒubiǎo ... 105
- 手机 shǒujī ... 95
- 首 shǒu ... 95
- 首尔 Shǒu'ěr ... 69
- 瘦 shòu ... 41
- 书 shū ... 57
- 帅 shuài ... 53
- 睡觉 shuìjiào ... 89, 127
- 说话 shuōhuà ... 115
- 四 sì ... 21, 74
- 酸 suān ... 119
- 酸甜 suāntián ... 119
- 岁 suì ... 53

T

- 他 tā ... 26
- 他们 tāmen ... 26
- 它 tā ... 26
- 它们 tāmen ... 26
- 她 tā ... 26
- 她们 tāmen ... 26
- 台币 táibì ... 79
- 台湾 Táiwān ... 51
- 太…了 tài…le ... 36
- 糖醋里脊 tángcù lǐjǐ ... 71
- 躺 tǎng ... 105
- 踢足球 tī zúqiú ... 95
- 天气 tiānqì ... 53
- 甜 tián ... 119
- 条 tiáo ... 106
- 跳舞 tiàowǔ ... 85
- 听说 tīngshuō ... 81
- 听音乐 tīng yīnyuè ... 47
- 挺…的 tǐng…de ... 36
- 同学 tóngxué ... 27

W

- 哇 wā ... 111
- 袜子 wàzi ... 61
- 外边 wàibian ... 56
- 玩儿 wánr ... 71
- 晚上 wǎnshang ... 26
- 碗 wǎn ... 71
- 万 wàn ... 71
- 往前走 wǎng qián zǒu ... 91
- 往右拐 wǎng yòu guǎi ... 91
- 为什么 wèishénme ... 46
- 我 wǒ ... 23, 26
- 我们 wǒmen ... 26
- 无聊 wúliáo ... 101

찾아보기

- 五 wǔ 21, 74

X

- 西班牙 Xībānyá 51
- 西红柿炒鸡蛋 xīhóngshì chǎo jīdàn ... 111
- 洗澡 xǐzǎo 89
- 喜欢 xǐhuan 43
- 下班 xiàbān 89, 101
- 下边 xiàbian 56
- 下个月 xià ge yuè 81
- 下课 xiàkè 89, 115
- 下午 xiàwǔ 26
- 下雨 xià yǔ 115
- 先…然后… xiān…ránhòu… 91
- 咸 xián 119
- 现在 xiànzài 69
- 香菜 xiāngcài 71
- 香港 Xiānggǎng 91
- 想 xiǎng 71
- 小 xiǎo 41
- 小李 Xiǎo Lǐ 53
- 小时 xiǎoshí 84
- 写汉字 xiě Hànzì 105
- 谢谢 xièxie 23
- 星期 xīngqī 81
- 休息 xiūxi 104
- 学生 xuésheng 68
- 学习 xuéxí 105
- 学校 xuéxiào 27

Y

- 颜色 yánsè 61
- 眼镜 yǎnjìng 61
- 阳台 yángtái 53
- 养 yǎng 95
- 要 yào 71
- 爷爷 yéye 31
- 也 yě 23
- 夜间 yèjiān 71
- 一 yī 21, 74
- 一点儿 yìdiǎnr 74, 111
- 一定 yídìng 116
- 一共 yígòng 71
- 一起 yìqǐ 43
- 一下儿 yíxiàr 69
- 一直 yìzhí 53
- 衣服 yīfu 101
- 已经 yǐjīng 127
- 以后 yǐhòu 101
- 意大利 Yìdàlì 51
- 音乐剧 yīnyuèjù 81
- 银联卡 Yínliánkǎ 109
- 英镑 yīngbàng 79
- 英国 Yīngguó 51
- 用 yòng 126
- 优惠券 yōuhuìquàn 71
- 油腻 yóunì 119
- 游泳 yóuyǒng 115
- 有 yǒu 53
- 有点儿 yǒudiǎnr 71
- 有名 yǒumíng 91
- 有意思 yǒu yìsi 81
- 又…又… yòu…yòu… 126

- □ 右边 yòubian ... 56
- □ 元 yuán ... 71, 74
- □ 远 yuǎn ... 41, 91
- □ 月 yuè ... 84
- □ 运动鞋 yùndòngxié ... 61

Z

- □ 再见 zàijiàn ... 23
- □ 在 zài ... 53, 69, 81
- □ 在…(呢) zài…(ne) ... 101
- □ 早 zǎo ... 81
- □ 早上 zǎoshang ... 26
- □ 怎么 zěnme ... 46, 91
- □ 怎么样 zěnmeyàng ... 43
- □ 站 zhàn ... 81
- □ 找 zhǎo ... 75
- □ 照相 zhàoxiàng ... 115
- □ 这(个) zhè(ge) ... 43, 46
- □ 这个人 zhège rén ... 46
- □ 这儿 zhèr ... 46
- □ 着 zhe ... 101
- □ 真 zhēn ... 36
- □ 真的 zhēn de ... 71
- □ 正在 zhèngzài ... 101
- □ 支付宝 Zhīfùbǎo ... 109
- □ 中国人 Zhōngguórén ... 47
- □ 中间 zhōngjiān ... 56
- □ 中午 zhōngwǔ ... 26
- □ 周末 zhōumò ... 27
- □ 主妇 zhǔfù ... 68
- □ 桌子 zhuōzi ... 57
- □ 自行车 zìxíngchē ... 53, 94
- □ 走 zǒu ... 91
- □ 最 zuì ... 36
- □ 最近 zuìjìn ... 33
- □ 昨天 zuótiān ... 85
- □ 左边 zuǒbian ... 56
- □ 左右 zuǒyòu ... 71
- □ 坐 zuò ... 94
- □ 坐船 zuò chuán ... 91
- □ 做 zuò ... 57
- □ 做菜 zuò cài ... 111
- □ 做运动 zuò yùndòng ... 89
- □ 做作业 zuò zuòyè ... 105

인용 자료

한눈에 보는 중국
https://www.shutterstock.com ········· p. 9

Lesson 01
https://www.shutterstock.com ········· p.21

Lesson 02
https://www.shutterstock.com ········· p. 28
http://www.iclickart.co.kr ········· p. 28, 31

Lesson 03
https://www.shutterstock.com ········· p. 38, 41

Lesson 04
https://www.shutterstock.com ········· p. 48
http://www.iclickart.co.kr ········· p. 51

Lesson 05
https://www.shutterstock.com ········· p. 58
http://www.iclickart.co.kr ········· p. 61

복습과 01~05
http://www.iclickart.co.kr ········· p. 64, 68

Lesson 06
https://www.shutterstock.com ········· p. 76, 79

Lesson 07
https://www.shutterstock.com ········· p. 86, 89

Lesson 08
https://www.shutterstock.com ········· p. 96
http://www.iclickart.co.kr ········· p. 99

Lesson 09
https://www.shutterstock.com ········· p. 106
http://www.iclickart.co.kr ········· p. 109

Lesson 10
https://www.shutterstock.com ········· p. 116
http://www.iclickart.co.kr ········· p. 119

복습과 06~10
http://www.iclickart.co.kr ········· p. 122, 126

* 위에 언급되지 않은 자료들은 저작자나 출판사가 저작권을 가지고 있습니다.

오디오북은 이렇게 활용하세요

〈오디오북〉은 등하교 및 출퇴근의 이동 시간을 이용하여 공부하는 분들을 위해 만들어진 책입니다. 휴대할 수 있어 자투리 시간에 회화 공부를 하기에 효과적입니다.

▶▶ 1. 단어
본문 단어를 다시 한번 들으면서, 외우지 못했던 단어들을 체크하고 자신의 실력을 확인해 보세요.

▶▶ 2. 패턴 회화
본문 회화 ①, ②를 A, B 순서로 묶어 패턴을 정리하였습니다. 대화를 보면서 천천히 다시 한번 복습해 보세요.

▶▶ 3. 한국어 문장 제시
우선 한국어 문장을 보고 중국어 문장으로 어떻게 바뀔지 예측하면서 녹음을 들어 보세요. 한국어 문장을 보고 바로 중국어 문장이 떠오른다면, 녹음을 따라 말하는 연습을 하면 더욱 좋습니다. `한국어+중국어 동시 녹음 파일 제공`

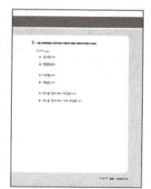
▶▶ 4. 본문 회화
다시 한번 회화를 들으며, 빠르게 말하는 연습을 해 보세요. 본 책 음성 파일보다 좀 더 빠른 속도로 녹음한 음성 파일을 제공하고 있습니다. `빠른 속도의 녹음 파일 제공`

차례

Lesson 02	你好! 안녕하세요! · 3	MP3 – A–01~11
Lesson 03	最近忙不忙? 요즘 바빠요 안 바빠요? · 11	MP3 – A–12~20
Lesson 04	我是韩国人。 나는 한국인이에요. · 18	MP3 – A–21~31
Lesson 05	他有女朋友吗? 그는 여자 친구가 있나요? · 26	MP3 – A–32~41
Lesson 06	多少钱? 얼마예요? · 34	MP3 – A–42~51
Lesson 07	星期五见! 금요일에 만나요! · 42	MP3 – A–52~62
Lesson 08	怎么走? 어떻게 가요? · 50	MP3 – A–63~73
Lesson 09	正在打折。 세일 중이에요. · 58	MP3 – A–74~82
Lesson 10	我会做菜。 나는 요리할 줄 알아요. · 65	MP3 – A–83~92

중국어뱅크

베이식

초보 탈출 4주 완성 프로젝트!

중국어 STEP 1

김보름 · 김로운 · 김주경 · 서명명 지음

오디오북

따로 분리해서 사용할 수 있습니다.

동양북스

중국어뱅크

베이시스

초보 탈출 4주 완성 프로젝트!

중국어 STEP 1

오디오북

동양북스

Lesson 02

你好! Nǐ hǎo! 안녕하세요!

1. 새로 나온 단어를 듣고 따라 하세요. 🎧 MP3 - A-01

☐ 你 nǐ 「대」 너, 당신

☐ 好 hǎo 「형」 좋다

☐ 再见 zàijiàn 「동」 안녕(작별 인사), 잘 가

☐ 们 men 「접미」 ~들(인칭대사나 사람을 지칭하는 명사 뒤에 쓰여 복수를 나타냄)

☐ 老师 lǎoshī 「명」 선생님

☐ 谢谢 xièxie 「동」 감사합니다, 고맙습니다

☐ 不客气 bú kèqi 천만에요, 별말씀을요

☐ 对不起 duìbuqǐ 「동」 미안합니다, 죄송합니다

☐ 没关系 méi guānxi 괜찮다, 상관없다

☐ 认识 rènshi 「동」 알다, 인식하다

☐ 很 hěn 「부」 매우

☐ 高兴 gāoxìng 「형」 기쁘다, 흥겹다

☐ 我 wǒ 「대」 나, 저

☐ 也 yě 「부」 ~도

2. 다음 본문의 회화를 듣고 따라 하세요.

패턴 01
MP3 - A-02

A 你好！
Nǐ hǎo!
안녕!

B 你好！
Nǐ hǎo!
안녕!

패턴 02
MP3 - A-03

A 再见！
Zàijiàn!
잘 가!

B 再见！
Zàijiàn!
잘 가!

중국어뱅크

베이시스

초보 탈출 4주 완성 프로젝트!

중국어 STEP 1

김보름·김로운·김주경·서명명 지음

오디오북

따로 분리해서 사용할 수 있습니다.

동양북스

중국어뱅크

베이시스

초보 탈출 4주 완성 프로젝트!

중국어 STEP 1

오디오북

동양북스

오디오북은 이렇게 활용하세요

〈오디오북〉은 등하교 및 출퇴근의 이동 시간을 이용하여 공부하는 분들을 위해 만들어진 책입니다. 휴대할 수 있어 자투리 시간에 회화 공부를 하기에 효과적입니다.

▶▶▶ **1. 단어**
본문 단어를 다시 한번 들으면서, 외우지 못했던 단어들을 체크하고 자신의 실력을 확인해 보세요.

▶▶▶ **2. 패턴 회화**
본문 회화 ①, ②를 A, B 순서로 묶어 패턴을 정리하였습니다. 대화를 보면서 천천히 다시 한번 복습해 보세요.

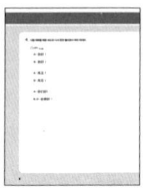
▶▶▶ **3. 한국어 문장 제시**
우선 한국어 문장을 보고 중국어 문장으로 어떻게 바뀔지 예측하면서 녹음을 들어 보세요. 한국어 문장을 보고 바로 중국어 문장이 떠오른다면, 녹음을 따라 말하는 연습을 하면 더욱 좋습니다. `한국어+중국어 동시 녹음 파일 제공`

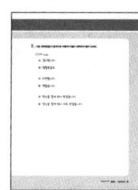
▶▶▶ **4. 본문 회화**
다시 한번 회화를 들으며, 빠르게 말하는 연습을 해 보세요. 본 책 음성 파일보다 좀 더 빠른 속도로 녹음한 음성 파일을 제공하고 있습니다. `빠른 속도의 녹음 파일 제공`

차례

Lesson 02	你好! 안녕하세요! ·3		🎧 MP3 – A–01~11
Lesson 03	最近忙不忙? 요즘 바빠요 안 바빠요? ·11		🎧 MP3 – A–12~20
Lesson 04	我是韩国人。 나는 한국인이에요. ·18		🎧 MP3 – A–21~31
Lesson 05	他有女朋友吗? 그는 여자 친구가 있나요? ·26		🎧 MP3 – A–32~41
Lesson 06	多少钱? 얼마예요? ·34		🎧 MP3 – A–42~51
Lesson 07	星期五见! 금요일에 만나요! ·42		🎧 MP3 – A–52~62
Lesson 08	怎么走? 어떻게 가나요? ·50		🎧 MP3 – A–63~73
Lesson 09	正在打折。 세일 중이에요. ·58		🎧 MP3 – A–74~82
Lesson 10	我会做菜。 나는 요리할 줄 알아요. ·65		🎧 MP3 – A–83~92

패턴 03 MP3-A-04

A 你们好！
Nǐmen hǎo!
얘들아 안녕!

B,C 老师好！
Lǎoshī hǎo!
선생님 안녕하세요!

패턴 04 MP3-A-05

A 谢谢。
Xièxie.
감사합니다.

B 不客气。
Bú kèqi.
별말씀을요.

패턴 05　　　　　　　　　　　　　　🎧 MP3 - A - 06

A 对不起。
Duìbuqǐ.
미안합니다.

B 没关系。
Méi guānxi.
괜찮습니다.

패턴 06　　　　　　　　　　　　　　🎧 MP3 - A - 07

A 认识你很高兴。
Rènshi nǐ hěn gāoxìng.
당신을 알게 돼서 반갑습니다.

B 认识你我也很高兴。
Rènshi nǐ wǒ yě hěn gāoxìng.
당신을 알게 돼서 저도 반갑습니다.

3. 다음 대화(한글)가 중국어로 어떻게 바뀔지 예측하며 들어 보세요.

🎧 MP3 – A-08

A: 안녕!

B: 안녕!

A: 잘 가!

B: 잘 가!

A: 얘들아 안녕!

B, C: 선생님 안녕하세요!

4. 다음 대화를 빠른 속도로 다시 한번 들으면서 따라 하세요.

 MP3-A-09

A: 你好！

B: 你好！

A: 再见！

B: 再见！

A: 你们好!

B, C: 老师好！

5. 다음 대화(한글)가 중국어로 어떻게 바뀔지 예측하며 들어 보세요.

🎧 MP3-A-10

A: 감사합니다.

B: 별말씀을요.

A: 미안합니다.

B: 괜찮습니다.

A: 당신을 알게 돼서 반갑습니다.

B: 당신을 알게 돼서 저도 반갑습니다.

6. 다음 대화를 빠른 속도로 다시 한번 들으면서 따라 하세요.

🎧 MP3-A-11

A: 谢谢。

B: 不客气。

A: 对不起。

B: 没关系。

A: 认识你很高兴。

B: 认识你我也很高兴。

Lesson 03 最近忙不忙? Zuìjìn máng bu máng? 요즘 바빠요 안 바빠요?

1. 새로 나온 단어를 듣고 따라 하세요. 🎧 MP3 - A-12

☐ 饿 è 휑 배고프다

☐ 吗 ma 조 ~입니까?

☐ 都 dōu 부 모두, 다, 전부

☐ 呢 ne 조 ~는요?

☐ 代理 dàilǐ 명 대리

☐ 最近 zuìjìn 명 최근, 요즘

☐ 忙 máng 형 바쁘다, 틈이 없다

☐ 不 bù 부 ~이 아니다

☐ 非常 fēicháng 부 매우, 굉장히

☐ 部长 bùzhǎng 명 부장

☐ 不太 bú tài 그다지, 별로

☐ 金 Jīn 명 성(姓), 김

☐ 李 Lǐ 명 성(姓), 이

2. 다음 본문의 회화를 듣고 따라 하세요.

패턴 01　　　　　　　　　　　　　　　🎧 MP3-A-13

A 你们饿吗?
Nǐmen è ma?
너희들 배고프니?

B,C 我们都很饿。老师，您呢?
Wǒmen dōu hěn è.　Lǎoshī,　nín ne?
저희 다 배고파요, 선생님은요?

패턴 02　　　　　　　　　　　　　　　🎧 MP3-A-14

A 我也很饿。
Wǒ yě hěn è.
나도 배고파.

패턴 03

🎧 MP3 - A-15

A 金代理，最近忙不忙？
Jīn dàilǐ, zuìjìn máng bu máng?
김 대리, 요즘 바빠 안 바빠?

B 我非常忙。李部长，您呢？
Wǒ fēicháng máng. Lǐ bùzhǎng, nín ne?
저 굉장히 바빠요. 이 부장님은요?

패턴 04

🎧 MP3 - A-16

A 我不太忙。
Wǒ bú tài máng.
나는 별로 안 바빠.

3. 다음 대화(한글)가 중국어로 어떻게 바뀔지 예측하며 들어 보세요.

🎧 MP3 - A-17

A: 너희들 배고프니?

B, C: 저희 다 배고파요. 선생님은요?

A: 나도 배고파.

4. 다음 대화를 빠른 속도로 다시 한번 들으면서 따라 하세요.

🎧 MP3-A-18

A: 你们饿吗?

B, C: 我们都很饿。老师，您呢?

A: 我也很饿。

5. 다음 대화(한글)가 중국어로 어떻게 바뀔지 예측하며 들어 보세요.

🎧 MP3 - A-19

A: 김 대리, 요즘 바빠 안 바빠?

B: 저 굉장히 바빠요. 이 부장님은요?

A: 나는 별로 안 바빠.

6. 다음 대화를 빠른 속도로 다시 한번 들으면서 따라 하세요.

🎧 MP3-A-20

A: 金代理，最近忙不忙？

B: 我非常忙。李部长，您呢？

A: 我不太忙。

Lesson 04

我是韩国人。 Wǒ shì Hánguórén. 나는 한국인이에요.

1. 새로 나온 단어를 듣고 따라 하세요. 🎧 MP3-A-21

- ☐ 是 shì 동 ~이다
- ☐ 人 rén 명 사람
- ☐ 叫 jiào 동 ~라고 부르다
- ☐ 什么 shénme 대 무엇(의문을 나타냄)
- ☐ 名字 míngzi 명 이름
- ☐ 一起 yìqǐ 부 같이, 함께
- ☐ 看 kàn 동 보다
- ☐ 电影 diànyǐng 명 영화
- ☐ 怎么样 zěnmeyàng 대 어떻다, 어떠하다
- ☐ 喜欢 xǐhuan 동 좋아하다

- ☐ 喝 hē 동 마시다
- ☐ 可乐 kělè 명 콜라
- ☐ 去 qù 동 가다
- ☐ 买 mǎi 동 사다
- ☐ 吧 ba 조 ~하자, ~해라(문장 끝에 쓰여 제안, 권유, 명령의 어기를 나타냄)
- ☐ 这(个) zhè(ge) 대 이(것)
- ☐ 那(个) nà(ge) 대 그(것), 저(것)
- ☐ 果汁 guǒzhī 명 과일 주스
- ☐ 韩国 Hánguó 고유 한국

2. 다음 본문의 회화를 듣고 따라 하세요.

패턴 01 🎧 MP3 – A-22

A 你是韩国人吗?
Nǐ shì Hánguórén ma?
너는 한국인이니?

B 是，我是韩国人。你叫什么名字?
Shì, wǒ shì Hánguórén. Nǐ jiào shénme míngzi?
응, 나는 한국인이야. 네 이름은 뭐니?

패턴 02 🎧 MP3 – A-23

A 我叫○○○。你呢?
Wǒ jiào OOO. Nǐ ne?
내 이름은 OOO이라고 해. 너는?

B 我叫○○○。
Wǒ jiào OOO.
나는 OOO이라고 해.

Lesson 04 我是韩国人。 나는 한국인이에요. **19**

패턴 03   MP3-A-24

A 认识你很高兴!
Rènshi nǐ hěn gāoxìng!
만나서 반가워!

패턴 04   MP3-A-25

A 我们一起看电影，怎么样？
Wǒmen yìqǐ kàn diànyǐng, zěnmeyàng?
우리 같이 영화 보는 거, 어때?

B 好！我喜欢看电影。
Hǎo! Wǒ xǐhuan kàn diànyǐng.
좋아! 나 영화 보는 거 좋아해.

패턴 05

🎧 MP3 - A-26

A 你喝不喝可乐？我去买吧。
Nǐ hē bu hē kělè? Wǒ qù mǎi ba.
너 콜라 마셔 안 마셔? 내가 가서 살게.

B 我不喝可乐。我喝这个。
Wǒ bù hē kělè. Wǒ hē zhège.
나 콜라 안 마셔. 나 이거 마셔.

패턴 06

🎧 MP3 - A-27

A 那是什么？
Nà shì shénme?
그건 뭐야?

B 这是果汁。
Zhè shì guǒzhī.
이건 과일 주스야.

Lesson 04 我是韩国人。 나는 한국인이에요.

3. 다음 대화(한글)가 중국어로 어떻게 바뀔지 예측하며 들어 보세요.

🎧 MP3 – A-28

A: 너는 한국인이니?

B: 응, 나는 한국인이야. 네 이름은 뭐니?

A: 나는 ○○○이라고 해. 너는?

B: 나는 ○○○이라고 해.

A: 만나서 반가워!

4. 다음 대화를 빠른 속도로 다시 한번 들으면서 따라 하세요.

🎧 MP3 - A-29

A: 你是韩国人吗?

B: 是，我是韩国人。你叫什么名字?

A: 我叫○○○。你呢?

B: 我叫○○○。

A: 认识你很高兴！

5. 다음 대화(한글)가 중국어로 어떻게 바뀔지 예측하며 들어 보세요.

🎧 MP3 - **A-30**

A: 우리 같이 영화 보는 거, 어때?

B: 좋아! 나 영화 보는 거 좋아해.

A: 너 콜라 마셔 안 마셔? 내가 가서 살게.

B: 나 콜라 안 마셔. 나 이거 마셔.

A: 그건 뭐야?

B: 이건 과일 주스야.

6. 다음 대화를 빠른 속도로 다시 한번 들으면서 따라 하세요.

🎧 MP3 - A-31

A: 我们一起看电影，怎么样？

B: 好！我喜欢看电影。

A: 你喝不喝可乐？我去买吧。

B: 我不喝可乐。我喝这个。

A: 那是什么？

B: 这是果汁。

Lesson 05   他有女朋友吗?   Tā yǒu nǚpéngyou ma?
그는 여자 친구가 있나요?

1. 새로 나온 단어를 듣고 따라 하세요. 🎧 MP3 – A-32

- ☐ 家 jiā 몡 집
- ☐ 有 yǒu 동 있다(존재, 소유를 나타냄)
- ☐ 几 jǐ 수 몇, 얼마
- ☐ 口 kǒu 양 사람(식구)
- ☐ 哥哥 gēge 몡 오빠, 형
- ☐ 帅 shuài 형 잘생기다, 멋지다
- ☐ 今年 jīnnián 몡 올해
- ☐ 多 duō 부 얼마나(의문문에 쓰여 정도를 나타냄)
- ☐ 大 dà 형 (수량이) 많다
- ☐ 岁 suì 양 살, 세
- ☐ 没(有) méi(yǒu) 동 없다, 가지고 있지 않다

- ☐ 女朋友 nǚpéngyou 몡 여자 친구
- ☐ 不知道 bù zhīdào 모른다, 몰라요
- ☐ 天气 tiānqì 몡 날씨, 일기
- ☐ 自行车 zìxíngchē 몡 자전거
- ☐ 骑车 qí chē 자전거를 타다
- ☐ 的 de 조 ~의, ~의 것
- ☐ 一直 yìzhí 부 계속, 줄곧
- ☐ 在 zài 동 (사람이나 사물이) ~에 있다
- ☐ 阳台 yángtái 몡 베란다, 발코니
- ☐ 上 shang 몡 ~위에, ~에(명사 뒤에 쓰여, 어떤 것의 범위 안에 있음을 나타냄)
- ☐ 小李 Xiǎo Lǐ 고유 샤오리(인명)

2. 다음 본문의 회화를 듣고 따라 하세요.

패턴 01 🎧 MP3 - A-33

A 小李家有几口人?
Xiǎo Lǐ jiā yǒu jǐ kǒu rén?
샤오리네 식구가 몇이지?

B 四口人。她哥哥很帅。
Sì kǒu rén.   Tā gēge hěn shuài.
네 식구야. 그녀의 오빠가 진짜 잘생겼어.

패턴 02 🎧 MP3 - A-34

A 他今年多大?
Tā jīnnián duō dà?
그가 올해 몇 살이지?

B 二十四岁。
Èrshísì suì.
스물네 살이야.

패턴 03　　　　　　　　　　　　　　　🎧 MP3 - A-35

A 他有女朋友吗?
　　Tā yǒu nǚpéngyou ma?
　　여자 친구가 있대?

B 我也不知道。
　　Wǒ yě bù zhīdào.
　　나도 몰라.

패턴 04　　　　　　　　　　　　　　　🎧 MP3 - A-36

A 天气很好。小李，你有自行车吗?
　　Tiānqì hěn hǎo.　Xiǎo Lǐ,　Nǐ yǒu zìxíngchē ma?
　　날씨 좋다, 샤오리, 너 자전거 있지?

　　周末我们骑车，怎么样?
　　Zhōumò wǒmen qí chē,　zěnmeyàng?
　　주말에 우리 자전거 타는 거 어때?

B 我没有自行车。
　　Wǒ méiyǒu zìxíngchē.
　　나 자전거 없어.

패턴 05

A 没关系。你骑我弟弟的吧。
Méi guānxi.　Nǐ qí wǒ dìdi de ba.
괜찮아.　내 남동생 거 타.

他的自行车一直在阳台上。
Tā de zìxíngchē yìzhí zài yángtái shang.
동생 자전거가 계속 베란다에 있어.

3. 다음 대화(한글)가 중국어로 어떻게 바뀔지 예측하며 들어 보세요.

🎧 MP3 - A-38

A: 샤오리네 식구가 몇이지?

B: 네 식구야. 그녀의 오빠가 진짜 잘생겼어.

A: 그가 올해 몇 살이지?

B: 스물네 살이야.

A: 여자 친구가 있대?

B: 나도 몰라.

4. 다음 대화를 빠른 속도로 다시 한번 들으면서 따라 하세요.

🎧 MP3-A-39

A: 小李家有几口人?

B: 四口人。她哥哥很帅。

A: 他今年多大?

B: 二十四岁。

A: 他有女朋友吗?

B: 我也不知道。

5. 다음 대화(한글)가 중국어로 어떻게 바뀔지 예측하며 들어 보세요.

🎧 MP3-A-40

A: 날씨 좋다. 샤오리, 너 자전거 있지?
주말에 우리 자전거 타는 거 어때?

B: 나 자전거 없어.

A: 괜찮아. 내 남동생 거 타.
동생 자전거가 계속 베란다에 있어.

6. 다음 대화를 빠른 속도로 다시 한번 들으면서 따라 하세요.

🎧 MP3 – A-41

A: 天气很好。小李，你有自行车吗?
周末我们骑车，怎么样?

B: 我没有自行车。

A: 没关系。你骑我弟弟的吧。
他的自行车一直在阳台上。

Lesson 06

多少钱? Duōshao qián? 얼마예요?

1. 새로 나온 단어를 듣고 따라 하세요. 🎧 MP3 - A-42

- 要 yào [조동] ~하려고 하다
- 想 xiǎng [조동] ~하고 싶다
- 玩儿 wánr [동] 놀다
- 门票 ménpiào [명] 입장권
- 多少钱 duōshao qián 얼마예요?
- 好像 hǎoxiàng [부] 아마 ~인 것 같다
- 万 wàn [수] 만, 10,000
- 元 yuán [양] 위안(중국 화폐 단위)
- 左右 zuǒyòu [명] 가량, 내외
- 有点儿 yǒudiǎnr [부] 조금, 약간
- 贵 guì [형] 비싸다
- 夜间 yèjiān [명] 야간
- 比较 bǐjiào [부] 비교적
- 便宜 piányi [형] 저렴하다, 싸다
- 而且 érqiě [접] 게다가
- 优惠券 yōuhuìquàn [명] 할인권, 쿠폰
- 真的 zhēn de 정말, 진짜로
- 那 nà [접] 그러면, 그렇다면

- 今晚 jīnwǎn [명] 오늘 밤
- 就 jiù [부] 곧, 바로
- 菜单 càidān [명] 메뉴, 식단
- 点 diǎn [동] 주문하다
- 来 lái [동] (어떤 동작, 행동을) 하다[구체적인 동사를 대신하여 사용함]
- 两 liǎng [수] 둘, 2
- 碗 wǎn [양] 그릇, 공기
- 个 ge [양] 개
- 请 qǐng [동] ~하세요, ~해 주세요
- 不要 búyào [부] ~하지 마라
- 放 fàng [동] 넣다, 타다
- 香菜 xiāngcài [명] 샹차이, 고수(풀)
- 一共 yígòng [부] 모두, 합계
- 块 kuài [양] 중국의 화폐 단위(=元에 해당)
- 乐天世界 Lètiān Shìjiè [고유] 롯데월드
- 牛肉面 niúròumiàn [명] 니우러우미엔 (소고기 면), 우육면
- 糖醋里脊 tángcù lǐjǐ [명] 탕추리지(찹쌀 탕수육)

2. 다음 본문의 회화를 듣고 따라 하세요.

패턴 01

🎧 MP3-A-43

A 这个周末你要做什么?
Zhège zhōumò nǐ yào zuò shénme?
이번 주말에 너 뭐 할 예정이니?

B 我想去乐天世界玩儿。
Wǒ xiǎng qù Lètiān Shìjiè wánr.
나 롯데월드에 놀러 가고 싶어.

패턴 02

🎧 MP3-A-44

A 我也想去。门票多少钱, 你知道吗?
Wǒ yě xiǎng qù.   Ménpiào duōshao qián,   nǐ zhīdào ma?
나도 가고 싶은데. 입장권이 얼마인지, 너 알아?

B 好像四万元左右。有点儿贵。
Hǎoxiàng sìwàn yuán zuǒyòu.   Yǒudiǎnr guì.
아마 4만 원 정도일 거야. 조금 비싸.

夜间票比较便宜, 而且我有优惠券。
Yèjiānpiào bǐjiào piányi,   érqiě wǒ yǒu yōuhuìquàn.
야간 표는 비교적 저렴할 뿐 아니라, 내가 할인 쿠폰도 가지고 있어.

Lesson 06 多少钱? 얼마예요? **35**

패턴 03

🎧 MP3 - A-45

A 真的？那我们今晚就去吧！
Zhēn de? nà wǒmen jīnwǎn jiù qù ba!
정말? 그럼 우리 오늘 저녁에 바로 가자!

패턴 04

🎧 MP3 - A-46

A 这是菜单。你们要点什么？
Zhè shì càidān. Nǐmen yào diǎn shénme?
여기 메뉴판입니다. 무엇을 주문하시겠어요?

B 部长，您点吧。
Bùzhǎng, nín diǎn ba.
부장님, 주문하세요.

패턴 05

C 来两碗牛肉面和一个糖醋里脊。
Lái liǎng wǎn niúròumiàn hé yí ge tángcù lǐjǐ.
니우러우미엔 두 그릇이랑 탕추리지 하나 주세요.

请不要放香菜。
Qǐng búyào fàng xiāngcài.
샹차이는 빼 주세요.

A 一共八十六块五。
Yígòng bāshí liù kuài wǔ.
모두 86.5위안입니다.

3. 다음 대화(한글)가 중국어로 어떻게 바뀔지 예측하며 들어 보세요.

🎧 MP3 – A-48

A: 이번 주말에 너 뭐 할 예정이니?

B: 나 롯데월드에 놀러 가고 싶어.

A: 나도 가고 싶은데. 입장권이 얼마인지, 너 알아?

B: 아마 4만 원 정도일 거야. 조금 비싸.
야간 표는 비교적 저렴할 뿐 아니라,
내가 할인 쿠폰도 가지고 있어.

A: 정말? 그럼 우리 오늘 저녁에 바로 가자.

4. 다음 대화를 빠른 속도로 다시 한번 들으면서 따라 하세요.

🎧 MP3 - A-49

A: 这个周末你要做什么?

B: 我想去乐天世界玩儿。

A: 我也想去。门票多少钱,你知道吗?

B: 好像四万元左右。有点儿贵。
夜间票比较便宜,而且我有优惠券。

A: 真的?那我们今晚就去吧!

5. 다음 대화(한글)가 중국어로 어떻게 바뀔지 예측하며 들어 보세요.

🎧 MP3 - A-50

A: 여기 메뉴판입니다. 무엇을 주문하시겠어요?

B: 부장님, 주문하세요.

C: 니우러우미엔 두 그릇이랑 탕추리지 하나 주세요.
샹차이는 빼 주세요.

A: 모두 86.5위안입니다.

6. 다음 대화를 빠른 속도로 다시 한번 들으면서 따라 하세요.

🎧 MP3-A-51

A: 这是菜单。你们要点什么?

B: 部长，您点吧。

C: 来两碗牛肉面和一个糖醋里脊。
请不要放香菜。

A: 一共八十六块五。

Lesson 07

星期五见! Xīngqīwǔ jiàn! 금요일에 만나요!

1. 새로 나온 단어를 듣고 따라 하세요. 🎧 MP3 – A-52

- □ 听说 tīngshuō 동 ~라고 들었다
- □ 部 bù 양 편, 부(서적이나 영화를 세는 단위)
- □ 音乐剧 yīnyuèjù 명 뮤지컬
- □ 有意思 yǒu yìsi 형 재미있다, 흥미 있다
- □ 空儿 kòngr 명 (남아 있는) 시간, 짬, 여유
- □ 事儿 shìr 명 일, 사건
- □ 星期 xīngqī 명 요일
- □ 没问题 méi wèntí 문제없다
- □ 点 diǎn 양 시
- □ 在 zài 개 ~에서
- □ 站 zhàn 명 역, 정류장
- □ 不见不散 bújiàn búsàn 성 만날 때까지 기다린다

- □ 每天 měitiān 명 매일
- □ 起床 qǐchuáng 동 일어나다
- □ 那么 nàme 대 그렇게, 저렇게, 그런 저런 (상태/방법/정도를 나타냄)
- □ 早 zǎo 형 (때가) 이르다, 빠르다
- □ 半 bàn 수 30분, 반
- □ 课 kè 명 수업
- □ 下个月 xià ge yuè 다음 달
- □ 跟 gēn 개 ~와(과)
- □ 经理 jīnglǐ 명 사장
- □ 出差 chūchāi 동 (외지로) 출장 가다
- □ 厉害 lìhai 형 대단하다, 굉장하다
- □ 江南 Jiāngnán 고유 강남

2. 다음 본문의 회화를 듣고 따라 하세요.

패턴 01

🎧 MP3 - A-53

A 听说这部音乐剧很有意思。
Tīngshuō zhè bù yīnyuèjù hěn yǒu yìsi.
듣자 하니 이 뮤지컬 재미있다던데.

B 我也想看。明天你有空儿吗?
Wǒ yě xiǎng kàn. Míngtiān nǐ yǒu kòngr ma?
나도 보고 싶어. 내일 너 시간 있니?

패턴 02

🎧 MP3 - A-54

A 明天有事儿。星期五,怎么样?
Míngtiān yǒu shìr. Xīngqīwǔ, zěnmeyàng?
내일은 일이 있고, 금요일은 어때?

B 没问题,星期五几点?
Méi wèntí, xīngqīwǔ jǐ diǎn?
좋아, 금요일 몇 시?

패턴 03

A 晚上六点在江南站见！
Wǎnshang liù diǎn zài Jiāngnán Zhàn jiàn!
저녁 6시에 강남역에서 봐!

B 好的，不见不散！
Hǎo de, bújiàn búsàn!
좋아, 만날 때까지 기다리자!

패턴 04

A 金代理，你每天几点起床？
Jīn dàilǐ, nǐ měitiān jǐ diǎn qǐchuáng?
김 대리, 매일 몇 시에 일어나?

B 我每天六点起床。
Wǒ měitiān liù diǎn qǐchuáng.
나 매일 6시에 일어나지.

패턴 05

A 那么早?
Nàme zǎo?
그렇게 일찍?

B 早上六点半有汉语课。
Zǎoshang liù diǎn bàn yǒu Hànyǔ kè.
아침 6시 반에 중국어 수업이 있어.

我下个月跟经理一起去中国出差。
Wǒ xià ge yuè gēn jīnglǐ yìqǐ qù Zhōngguó chūchāi.
나 다음 달에 사장님이랑 같이 중국 출장 가거든.

패턴 06

A 你真厉害!
Nǐ zhēn lìhai!
너 진짜 대단하다!

3. 다음 대화(한글)가 중국어로 어떻게 바뀔지 예측하며 들어 보세요.

🎧 MP3-A-59

A: 듣자 하니 이 뮤지컬 재미있다던데.

B: 나도 보고 싶어. 내일 너 시간 있니?

A: 내일은 일이 있고, 금요일은 어때?

B: 좋아, 금요일 몇 시?

A: 저녁 6시에 강남역에서 봐!

B: 좋아, 만날 때까지 기다리자!

4. 다음 대화를 빠른 속도로 다시 한번 들으면서 따라 하세요.

🎧 MP3-A-60

A: 听说这部音乐剧很有意思。

B: 我也想看。明天你有空儿吗?

A: 明天有事儿。星期五,怎么样?

B: 没问题,星期五几点?

A: 晚上六点在江南站见!

B: 好的,不见不散!

5. 다음 대화(한글)가 중국어로 어떻게 바뀔지 예측하며 들어 보세요.

🎧 MP3-A-61

A: 김 대리, 매일 몇 시에 일어나?

B: 나 매일 6시에 일어나지.

A: 그렇게 일찍?

B: 아침 6시 반에 중국어 수업이 있어.
나 다음 달에 사장님이랑 같이 중국 출장 가거든.

A: 너 진짜 대단하다!

6. 다음 대화를 빠른 속도로 다시 한번 들으면서 따라 하세요.

🎧 MP3 - A-62

A: 金代理，你每天几点起床？

B: 我每天六点起床。

A: 那么早？

B: 早上六点半有汉语课。
我下个月跟经理一起去中国出差。

A: 你真厉害！

Lesson 08

怎么走? Zěnme zǒu? 어떻게 가나요?

1. 새로 나온 단어를 듣고 따라 하세요. 🎧 MP3-A-63

- 过 guo 〖조〗 ~한 적이 있다
- 蛋挞 dàntà 〖명〗 에그타르트
- 觉得 juéde 〖동〗 ~라고 생각하다
- 更 gèng 〖부〗 더욱, 더, 한층
- …的时候 …de shíhou ~때
- 坐船 zuò chuán 배를 타다
- 离 lí 〖개〗 ~에서, ~으로부터
- 怕 pà 〖동〗 무서워하다, 두려워하다
- 哈哈 hāhā 〖의성〗 하하(웃음 소리)
- 请问 qǐngwèn 〖동〗 말씀 좀 여쭙겠습니다
- 家 jiā 〖양〗 집, 공장 등을 세는 단위
- 饭馆(儿) fànguǎn(r) 〖명〗 식당
- 包子 bāozi 〖명〗 (소가 든) 찐빵, 빠오즈

- 有名 yǒumíng 〖형〗 유명하다, 명성이 높다
- 对 duì 〖동〗 옳다, 맞다
- 怎么 zěnme 〖대〗 어떻게, 어째서, 왜
- 走 zǒu 〖동〗 걷다, 가다
- 远 yuǎn 〖형〗 멀다
- 先…然后… xiān…ránhòu…
  〖접〗 먼저 ~하고 그 다음에 ~하다
- 往前走 wǎng qián zǒu
  앞으로 가다, 직진하다
- 十字路口 shízì lùkǒu 〖명〗 사거리, 네거리
- 往右拐 wǎng yòu guǎi 오른쪽으로 돌다,
  우회전하다
- 到 dào 〖동〗 도달하다, 도착하다
- 香港 Xiānggǎng 〖고유〗 홍콩
- 澳门 Àomén 〖고유〗 마카오

2. 다음 본문의 회화를 듣고 따라 하세요.

🎧 MP3 - A-64

패턴 01

A 你吃过蛋挞吗?
Nǐ chīguo dàntà ma?
너 에그타르트 먹어 봤어?

B 我在香港吃过。很好吃。
Wǒ zài Xiānggǎng chīguo. Hěn hǎochī.
나 홍콩에서 먹어 봤어. 정말 맛있어.

🎧 MP3 - A-65

패턴 02

A 我觉得澳门的更好吃。
Wǒ juéde Àomén de gèng hǎochī.
내 생각에는 마카오 것이 더 맛있어.

B 是吗? 我没去过澳门。
Shì ma? Wǒ méi qùguo Àomén.
그래? 나 마카오 안 가 봤어.

패턴 03　　　　　　　　　　　　　　　　　　🎧 MP3-A-66

A 去香港的时候没坐船去吗?
Qù Xiānggǎng de shíhou méi zuò chuán qù ma?
홍콩 갔을 때 배 타고 안 갔어?

澳门离香港很近。
Àomén lí Xiānggǎng hěn jìn.
마카오는 홍콩에서 가까워.

B 我怕坐船。哈哈。
Wǒ pà zuò chuán.　Hāhā.
나 배 타는 거 무서워해. 하하.

패턴 04　　　　　　　　　　　　　　　　　　🎧 MP3-A-67

A 请问，你知道这家饭馆儿在哪儿吗?
Qǐngwèn,　nǐ zhīdào zhè jiā fànguǎnr zài nǎr ma?
실례지만, 이 음식점이 어디에 있는지 아세요?

B 我知道，这家的包子非常有名。
Wǒ zhīdào,　　zhè jiā de bāozi fēicháng yǒumíng.
알아요, 여기 만두가 아주 유명하죠.

패턴 05

MP3 - A-68

A 对，怎么走?
Duì, zěnme zǒu?
맞아요, 어떻게 가나요?

B 离这儿不远。先一直往前走，
Lí zhèr bù yuǎn. Xiān yìzhí wǎng qián zǒu,
여기에서 멀지 않습니다. 우선 앞으로 쭉 가세요.

然后在十字路口往右拐就到了。
ránhòu zài shízì lùkǒu wǎng yòu guǎi jiù dào le.
그 다음에 사거리에서 우회전하시면 됩니다.

패턴 06

MP3 - A-69

A 谢谢你。
Xièxie nǐ.
감사합니다.

Lesson 08 怎么走? 어떻게 가나요?

3. 다음 대화(한글)가 중국어로 어떻게 바뀔지 예측하며 들어 보세요.

🎧 MP3 - A-70

A: 너 에그타르트 먹어 봤어?

B: 나 홍콩에서 먹어 봤어. 정말 맛있어.

A: 내 생각에는 마카오 것이 더 맛있어.

B: 그래? 나 마카오 안 가봤어.

A: 홍콩 갔을 때 배 타고 안 갔어?
마카오는 홍콩에서 가까워.

A: 나 배 타는 거 무서워해. 하하.

4. 다음 대화를 빠른 속도로 다시 한번 들으면서 따라 하세요.

🎧 MP3-A-71

A: 你吃过蛋挞吗?

B: 我在香港吃过。很好吃。

A: 我觉得澳门的更好吃。

B: 是吗? 我没去过澳门。

A: 去香港的时候没坐船去吗?
澳门离香港很近。

B: 我怕坐船。哈哈。

5. 다음 대화(한글)가 중국어로 어떻게 바뀔지 예측하며 들어 보세요.

🎧 MP3 - A-72

A: 실례지만, 이 음식점이 어디에 있는지 아세요?

B: 알아요, 여기 만두가 아주 유명하죠.

A: 맞아요, 어떻게 가나요?

B: 여기에서 멀지 않습니다. 우선 앞으로 쭉 가세요, 그 다음에 사거리에서 우회전하시면 됩니다.

A: 감사합니다.

6. 다음 대화를 빠른 속도로 다시 한번 들으면서 따라 하세요.

🎧 MP3-A-73

A: 请问，你知道这家饭馆儿在哪儿吗?

B: 我知道，这家的包子非常有名。

A: 对，怎么走?

B: 离这儿不远。先一直往前走，然后在十字路口往右拐就到了。

A: 谢谢你。

Lesson 09

正在打折。 Zhèngzài dǎzhé.　세일 중이에요.

1. 새로 나온 단어를 듣고 따라 하세요.　🎧 MP3-A-74

- ☐ 在…(呢) zài…(ne) 〔부〕 지금 ~하고 있다
  (동작이나 행위가 진행 중임)
- ☐ 无聊 wúliáo 〔형〕 따분하다, 심심하다
- ☐ 咖啡店 kāfēidiàn 〔명〕 카페
- ☐ 来 lái 〔동〕 오다
- ☐ 啊 a 〔조〕 문장 끝에 쓰여 긍정을 나타냄
- ☐ 好的 hǎo de 좋다, 됐어
- ☐ 等 děng 〔동〕 기다리다
- ☐ 着 zhe 〔조〕 ~을 하고 있는 중이다
- ☐ 百货商店 bǎihuò shāngdiàn 〔명〕 백화점

- ☐ 正在 zhèngzài 〔부〕 지금 ~하고 있다
  (동작이나 행위가 진행 중임)
- ☐ 打折 dǎzhé 〔동〕 가격을 깎다, DC
- ☐ 下班 xiàbān 〔동〕 퇴근하다
- ☐ 以后 yǐhòu 〔명〕 이후, 금후
- ☐ 看看 kànkan 한번 보다
- ☐ 衣服 yīfu 〔명〕 옷, 의복
- ☐ 还是 háishi 〔접〕 또는, 아니면
- ☐ 减肥 jiǎnféi 〔동〕 살을 빼다, 체중을 줄이다

2. 다음 본문의 회화를 듣고 따라 하세요.

패턴 01
🎧 MP3 - A-75

A 你在做什么呢？我很无聊。
Nǐ zài zuò shénme ne? Wǒ hěn wúliáo.
너 지금 뭐 해? 나 심심해.

B 我在咖啡店看书呢。想来吗？
Wǒ zài kāfēidiàn kàn shū ne. Xiǎng lái ma?
나 카페에서 책 보고 있어. 올래?

패턴 02
🎧 MP3 - A-76

A 好啊！我也去看书。
Hǎo a! Wǒ yě qù kàn shū.
좋아! 나도 가서 책 볼래.

B 好的。我等着你。
Hǎo de. Wǒ děngzhe nǐ.
알겠어. 기다리고 있을게.

Lesson 09 正在打折。 세일 중이에요.

패턴 03

MP3 - A-77

A 小李，百货商店正在打折。
Xiǎo Lǐ, bǎihuò shāngdiàn zhèngzài dǎzhé.
샤오리, 백화점이 지금 세일 중이래.

下班以后，我们去看看吧。
Xiàbān yǐhòu, Wǒmen qù kànkan ba.
퇴근하고 우리 한번 가 보자.

B 太好了。我想买衣服。
Tài hǎo le. Wǒ xiǎng mǎi yīfu.
너무 잘 됐다. 나 옷 사고 싶었는데.

패턴 04

MP3 - A-78

A 坐地铁还是公共汽车？
Zuò dìtiě háishi gōnggòng qìchē?
지하철 탈까 버스 탈까?

B 我在减肥呢。我们走着去吧。
Wǒ zài jiǎnféi ne. Wǒmen zǒuzhe qù ba.
나 지금 다이어트 중이야. 우리 걸어서 가자.

3. 다음 대화(한글)가 중국어로 어떻게 바뀔지 예측하며 들어 보세요.

🎧 MP3-A-79

A: 너 지금 뭐 해? 나 심심해.

B: 나 카페에서 책 보고 있어, 올래?

A: 좋아! 나도 가서 책 볼래.

B: 알겠어. 기다리고 있을게.

4. 다음 대화를 빠른 속도로 다시 한번 들으면서 따라 하세요.

🎧 MP3 - **A-80**

A: 你在做什么呢？我很无聊。

B: 我在咖啡店看书呢。想来吗?

A: 好啊！我也去看书。

B: 好的。我等着你。

5. 다음 대화(한글)가 중국어로 어떻게 바뀔지 예측하며 들어 보세요.

🎧 MP3 – A-81

A: 샤오리, 백화점이 지금 세일 중이래.
　　 퇴근하고 우리 한번 가 보자.

B: 너무 잘 됐다, 나 옷 사고 싶었는데.

A: 지하철 탈까 버스 탈까?

B: 나 지금 다이어트 중이야. 우리 걸어서 가자.

6. 다음 대화를 빠른 속도로 다시 한번 들으면서 따라 하세요.

🎧 MP3 - A-82

A: 小李，百货商店正在打折。
下班以后，我们去看看吧。

B: 太好了。我想买衣服。

A: 坐地铁还是公共汽车？

B: 我在减肥呢。我们走着去吧。

Lesson 10

我会做菜。 Wǒ huì zuò cài. 나는 요리할 줄 알아요.

1. 새로 나온 단어를 듣고 따라 하세요. 🎧 MP3 - A-83

- 快要…了 kuàiyào…le [부] 곧 ~하다
- 做菜 zuò cài 요리를 하다
- 会 huì [조동] (배워서) ~할 수 있다, ~을 할 줄 알다
- 一点儿 yìdiǎnr [수량] 조금
- 当然 dāngrán [부] 당연히, 물론
- 简单 jiǎndān [형] 간단하다, 단순하다
- 哇 wā [의성] 오!, 와우!
- 可以 kěyǐ [조동] ~해도 좋다, ~해도 된다
- 教 jiāo [동] 전수하다, 가르치다

- 能 néng [조동] ~할 수 있다
- 辣 là [형] 맵다
- 爱 ài [동] 애호하다, 좋아하다
- 还 há [부] 게다가, 또
- 西红柿炒鸡蛋 xīhóngshì chǎo jīdàn [명] 토마토 달걀 볶음
- 麻辣香锅 málà xiāngguō [명] 마라샹궈(쓰촨 요리)
- 炒年糕 chǎoniángāo [명] 떡볶이

2. 다음 본문의 회화를 듣고 따라 하세요.

패턴 01

🎧 MP3 – A-84

A 快要到我爱人的生日了。
Kuàiyào dào wǒ àiren de shēngrì le.
곧 남편 생일이야.

我想学做菜，你会做菜吗？
Wǒ xiǎng xué zuò cài, nǐ huì zuò cài ma?
나 요리를 배우고 싶은데, 너 요리할 줄 아니?

B 会一点儿。我喜欢做中国菜。
Huì yìdiǎnr. Wǒ xǐhuan zuò Zhōngguócài.
조금 할 줄 알아. 나 중국 요리하는 거 좋아해.

패턴 02

🎧 MP3 – A-85

A 那你会做西红柿炒鸡蛋吗？
Nà nǐ huì zuò xīhóngshì chǎo jīdàn ma?
너 그러면 토마토 달걀 볶음 할 줄 알아?

B 当然，很简单。
Dāngrán, hěn jiǎndān.
당연하지, 간단해.

패턴 03 🎧 MP3 - A-86

A 哇，你真厉害。
Wā, nǐ zhēn lìhai.
와, 너 진짜 대단하다.

你可以教我做这个菜吗?
Nǐ kěyǐ jiāo wǒ zuò zhège cài ma?
너 나한테 이 음식 만드는 거 가르쳐 줄 수 있어?

B 好，没问题。
Hǎo, méi wèntí.
그럼, 문제없어.

패턴 04 🎧 MP3 - A-87

A 金代理，你能吃辣的吗?
Jīn dàilǐ, nǐ néng chī là de ma?
김 대리, 매운 거 잘 먹어?

B 我能吃辣的。
Wǒ néng chī là de.
나 매운 거 먹을 수 있지.

昨天还吃了麻辣香锅。你呢?
Zuótiān hái chīle málà xiāngguō. Nǐ ne?
어제도 마라샹궈 먹었어. 너는?

패턴 05

🎧 MP3-A-88

A 我也爱吃辣的菜。
Wǒ yě ài chī là de cài.
나도 매운 음식 먹는 거 좋아해.

听说我们公司旁边那家的炒年糕非常辣。
Tīngshuō wǒmen gōngsī pángbiān nà jiā de chǎo niángāo fēicháng là.
듣자 하니 우리 회사 옆 저 가게 떡볶이가 굉장히 맵대.

今天一起去尝尝吧。
Jīntiān yìqǐ qù chángchang ba.
오늘 같이 가서 한번 먹어 보자.

3. 다음 대화(한글)가 중국어로 어떻게 바뀔지 예측하며 들어 보세요.

🎧 MP3 - **A-89**

A: 곧 남편 생일이야. 나 요리를 배우고 싶은데, 너 요리할 줄 아니?

B: 조금 할 줄 알아. 나 중국 요리하는 거 좋아해.

A: 너 그러면 토마토 달걀 볶음 할 줄 알아?

B: 당연하지, 간단해.

A: 와, 너 진짜 대단하다. 너 나한테 이 음식 만드는 거 가르쳐 줄 수 있어?

B: 그럼, 문제없어.

4. 다음 대화를 빠른 속도로 다시 한번 들으면서 따라 하세요.

🎧 MP3-A-90

A: 快要到我爱人的生日了。
我想学做菜，你会做菜吗?

B: 会一点儿。我喜欢做中国菜。

A: 那你会做西红柿炒鸡蛋吗?

B: 当然，很简单。

A: 哇，你真厉害。你可以教我做这个菜吗?

B: 好，没问题。

5. 다음 대화(한글)가 중국어로 어떻게 바뀔지 예측하며 들어 보세요.

🎧 MP3-A-91

A: 김 대리, 매운 거 잘 먹어?

B: 나 매운 거 먹을 수 있지. 어제도 마라샹궈 먹었어.
　 너는?

A: 나도 매운 음식 먹는 거 좋아해.
　 듣자 하니 우리 회사 옆 저 가게 떡볶이가 굉장히 맵대.
　 오늘 같이 가서 한번 먹어 보자.

6. 다음 대화를 빠른 속도로 다시 한번 들으면서 따라 하세요.

🎧 MP3-A-92

A: 金代理，你能吃辣的吗？

B: 我能吃辣的。昨天还吃了麻辣香锅。你呢？

A: 我也爱吃辣的菜。
听说我们公司旁边那家的炒年糕非常辣。
今天一起去尝尝吧。

www.dongyangbooks.com (웹사이트)
m.dongyangbooks.com (모바일)

이름

동양북스 채널에서 더 많은 도서 더 많은 이야기를 만나보세요!

외국어 출판 45년의 신뢰
외국어 전문 출판 그룹
동양북스가 만드는 책은 다릅니다.

45년의 쉼 없는 노력과 도전으로 책 만들기에 최선을 다해온
동양북스는 오늘도 미래의 가치에 투자하고 있습니다.
대한민국의 내일을 생각하는 도전 정신과 믿음으로 최선을 다하겠습니다.